『涅槃経』を読む

ブッダ臨終の説法

田上太秀

まえがき

本書は数ある仏教経典のなかでももっとも特色ある経典の一つ『涅槃経《ねはんきょう》』の案内書である。この経典は『般若心経《はんにゃしんきょう》』や『法句経《ほっくきょう》』、あるいは『法華経《ほけきょう》』などのようには一般読者に知られていないが、仏教学者や僧侶には周知され、ブッダが臨終に際して説いた極意の教えを記述した経典として信仰されている。『涅槃経』はいわばブッダの遺言集である。

多くの仏教経典はブッダが遊行《ゆぎょう》先で元気な、活気に溢《あふ》れた姿で説法《せっぽう》している情景を描いているが、この経典ではブッダが激しい下痢を伴った腹痛に襲われ、それが原因で逝去したことを記述している。

ブッダと呼ばれる聖者も死ぬのが道理であると教えた。しかしその死は凡夫の死に方ではなく、最高の解脱《げだつ》の境地に入り、われわれを見守り続けているという意味で、ブッダの死を涅槃（完全解脱）と表現した。『涅槃経』の経典名はしたがって「大いなる死に関する説法集」、あるいは「最高解脱に関する説法集」という意味である。

死に直面したブッダは種々の教えを説き示した。それらのなかにはこれまでまったく開示しなかった秘密の教えがあり、それを聞いた菩薩《ぼさつ》たちは驚きをもって、その真意を解き明かしてほしいと懇願する。菩薩たちに示したその内容が多くの比喩《ひゆ》を用いた明快な文章で、それも問答形式で記述されており、読者を魅了すること疑いない。

本文中で触れることだが、『涅槃経』には二種類ある。このうち、とくに紀元後に作られた『涅槃経』は大部であり、すべてを読み通すには骨が折れるだろう。しかしその魅力的な内容は読者を最後まで引き連れてゆくことと信じる。

本書はこの紀元後に作られた『涅槃経』の案内書で、『涅槃経』のうちとくに重要であり、特色のある内容を抽出して紹介したものである。この経典の概説書は他社の文庫にまったく見当たらない。講談社学術文庫にも従来はなかった。このたび、講談社学術文庫のなかに『涅槃経』の概説書が加えられることはおそらくあらゆる文庫本のなかで最初であろう。

最後に、この企画と原稿校正などに関して相澤耕一氏と、校正、その他にお世話くださった布宮慈子氏に対して衷心から感謝申し上げる。

平成十六年九月一日

著者しるす

目次

第五章　多彩な比喩説法を読む……210

『涅槃経』を読む

ブッダ臨終の説法

第一章　仏教の基礎知識

一　仏教は誤解されている

「仏教」ということばを聞くと、まず寺院、葬式、仏像を連想する人が多い。そして仰々しい色ものの法衣をまとった僧侶が、のどから絞り出すような声で、聞いただけではなんのことやらわからないお経をおもむろに読みはじめ、抹香《まっこう》の煙が立ち込めたところで、葬儀がうやうやしく行われる光景を思い浮かべる人も少なくないだろう。

仏教といえば、葬式という冠がついて「葬式仏教」とあだ名されている。しかし葬式を行う宗教は仏教に限らない。キリスト教もイスラム教も、神道もヒンドゥー教もみな葬式を行う。だがこれらの宗教は「葬式」の冠を付けてあだ名されるであろうか。たとえ軽蔑的な言い方のなかにも、葬式キリスト教とか葬式イスラム教とか言うことはまずない。どの宗教も厳かに葬式を行う。仏教も同様であることは言うまでもない。それにもかかわらず、仏教だけが「葬式仏教」と軽蔑的に呼ばれる。なぜか。その理由はいろいろとあるだろう。

ところが仏教の僧侶はその理由を探る努力をせず、葬式仏教と呼ばれてもいいではないかと開き直っている。「われわれは死者の煩悩《ぼんのう》を払い、成仏《じょうぶつ》させている」とか「おれたちは葬式を通して遺族の心を癒《いや》している」と言う。だから仏教の葬式は他の宗教のそれとは一味違うと言い、仏教は葬式を大切にしているとも言う。したがって「葬式仏教」と言われても、なにも恥じることも引け目を感じることもないと公言している。

仏教の僧侶が葬式のときに死者の煩悩を払うというなら、どうして生きている間に煩悩を払《はら》い除《の》ける教化をしなかったのだと言いたい。死んでから成仏させると言うが、そんなに簡単にブッダになれると言うなら、葬式を執り行っている僧侶自身はすでに成仏しているのだろうか。修行の身であれば、成仏していないはずである。それなのに修行をしてこなかった在家の人が死んですぐに成仏できると言うなら、なにも生きている間に修行する意義はないではないか。

葬式を通して遺族の心を癒していると言うが、死者の魂は死後どこへ行くのか遺族に教えているだろうか。

キリスト教の葬儀に参列したことがある。そこでは牧師ははっきりと死者は神に召され、キリストの許《もと》に行くことを遺族に告げている。たとえば「この人は神の恩寵《おんちょう》によって昇天しますよ」と言われると、残された家族だけでなく、会葬者も安堵《あんど》する。癒されるのである。

仏教の葬式では、ほとんどの人が癒されていない。仏教の宗派はよりどころとなるお経が異なるので、その教えも異なる。いわゆる釈尊《しゃくそん》の仏教による宗派ではない。宗派の祖とされる祖師《そし》の教えによって創《つく》られた祖師仏教である。したがって死者の取り扱いが宗派によって異なる。

死後、死者はどこに行くのでしょうかと菩提寺《ぼだいじ》(1)の住職に聞いたことがありますかと尋ねると、浄土教系の信者からは決まって西方浄土《さいほうじょうど》の阿弥陀仏《あみだぶつ》の許に往生《おうじょう》できるはずですという答えが返ってくるが、他の宗派の信者は「えっ？」と答えにつまってしまうほど、なにも教えられていない。教えられていないというより、教える側の僧侶自身がはっきりとわかっていないので教えていないと言うべきだろう。

仏教の葬式が遺族の心を癒していると言っているのは、僧侶の手前勝手な言い訳である。遺族は厳かな葬儀をしてもらったという満足感だけで、心の癒しなどなにも感じていないと考えられる。

死者がどこへ導かれていったのか確信したときに、遺族はほんとうの安堵感を得るのだ。そうでなかったら、いったい死者を葬った意味はどこにあるだろうか。残された肉親だけでなく、死者と親しかった人たちは死者の来世の幸せを祈っているのだから、それがまったく知らされなかったら、彼らは迷っているとしか言いようがない。

葬式は死者の魂が幸せな再生を遂げるために行うのではないか。行く先も教えずに、ただお経を読む儀式だけに終わってしまう葬式は、死者にも遺族にもなんの安らぎも癒しも与えない。

いったい仏教は生きている者たちになにを教え、そして心にどんな安らぎを与えようとしているのか、この疑問に『涅槃経』は答えてくれるだろう。仏教は葬式仏教とあだ名されるような下劣な宗教ではない。葬式仏教で結構だ、と言って一部の僧侶が開き直るような堕落《だらく》した宗教ではない。仏教は誤解されている。

注

(1) 菩提寺とは、家代々の祖霊を祀《まつ》ってある寺のこと。そこに墓所を定め、葬式や追善供養《ついぜんくよう》を営み、死者の霊を弔うという信仰形態は、古くは藤原一門が氏寺としたのが早期の例である。

二　「仏教」の意味

「仏教」とは原語の意味から言うと、「仏が説かれた教え」「仏のことば」となるようである。よく知られる原語はブッダ・サーサナム（buddha-sāsanaṃ）、ブッダ・ヴァチャナ（buddha-vacana）などであるが、仏が説かれた教え・ことばと訳するだけでは「仏教」のほんとうの意味を表しているとは言えない。これらの原語は、仏典のなかでは釈尊[1]によって「仏になる教え」「仏になるための言い付け」として説かれたと記されている。仏典のなかでも最古層に属するパーリ語原典『マハーパリニッバーナ・スッタンタ』の漢訳文に「仏教」の漢字が見られる。その漢字の原語は「法に関する講話」とある。ここには「仏」の語はないけれども、翻訳者は「仏教」と訳した。仏が説いた教えであれば、原語に「仏」の語が使われていなくても「仏教」と訳した例があることを知っておくべきである。

いずれにせよ「仏教」は「仏になる教え」と読み、理解しなければならない。これは初期仏教から大乗《だいじょう》仏教までのすべての仏典で主張されたことである。

では、「仏になる教え」と書いたが、その「仏」とはだれを指すのだろうか。仏教徒はだれでも「釈尊に決まっているではないか」と言うだろう。では「釈尊になる教え」と言えるだろうか。右に示したブッダ・サーサナム、ブッダ・ヴァチャナの語句を「釈尊が説かれた教え」「釈尊のことば」と訳してなんの支障もないと考えられるかもしれない。

ところが原語のブッダ (buddha) は、釈尊の語に置き換えて読むことはできない。ブッダとは周知のように「(真理に) 目覚めた人」あるいは「(真理を) 覚《さと》った人」という意味で、固有名詞ではない。仏教徒はブッダというと釈尊をすぐに思い浮かべ、ブッダすなわち釈尊と理解している。たしかに釈尊はブッダと呼ばれた。しかし釈尊は、ブッダたちのなかの一人でしかなかったのである。

真理・道理を理解し、それを体現して生活する人は、なにも釈尊一人ではなかった。古代インドの宗教や哲学の世界には複数いたことが文献から知られている。

古代インドのバラモン聖典であるウパニシャッドの古い文献では、哲学者であるウッダーラカやヤージニャヴァルキヤなどがブッダと呼ばれている。

また、叙事詩『マハーバーラタ』でも哲学者をブッダと呼んでいる。仏教と同時代に興ったジャイナ教の聖典の一つ『仙人のことば』は聖者や賢者のことばを集めたものであるが、ここでも彼らをブッダと呼んでいる。

仏教の最古の経典『スッタニパータ』でも覚りを得た弟子たちに向かって、釈尊は「ブッダたちよ」と呼びかけている。また、「……生死《しょうじ》の輪廻《りんね》を識別し、汚れがなく、穢《けが》れがなく、清浄《しょうじょう》となり、再生を断っている者、これをブッダと呼ぶ」（第五一七偈《げ》）と説いているように、だれでもブッダになれ、そして修行が完成すればブッダと呼ばれるのだと釈尊は教えている。

釈尊自身、菩提樹《ぼだいじゅ》の下で覚りを得た後、サールナートでかつての修行仲間であった五人の比丘《びく》に初めて八正道《はっしょうどう》を説いた。そのとき、かつて自分の前に六人のブッダがいたが、彼らはみな八正道を実践してブッダになったと説いている。

このように「ブッダ」の語は特定の個人に付されたことばではなく、真理に目覚めた人であれば、みなブッダと呼ばれたことが知られる。

ブッダが普通名詞であることがわかれば、ブッダは複数存在することになる。つまり「仏教」とは「ブッダたちが説いた教え」であり、「ブッダたちのことば」である。とすれば、「仏教」は「釈尊が説かれた教え」「釈尊のことば」という意味ではなくなる。

仏典ではどうなっているだろうか。

最古の経典と言われる『法句経』に典型的な例がある。

一八三　すべて悪しきことをなさず、善いことを行ない、自己の心を浄《きよ》めること、――これが諸《もろもろ》の仏の教えである。

一八五　罵《ののし》らず、害《そこな》わず、戒律に関しておのれを守り、食事に関して（適当な）量を知り、淋しいところにひとり臥《ふ》し、坐《ざ》し、心に関することにつとめはげむ。――これがもろもろのブッダの教えである。

（中村元訳『ブッダの真理のことば・感興のことば』岩波文庫）

この二つの詩偈《しげ》のなかで「諸の仏の教え」「もろもろのブッダの教え」と述べている部分は「諸仏教」と漢訳されるが、原語ではブッダーナム・サーサナムと表されている。ブッダは複数形である。釈尊は自分の教えではなく、これまで六人のブッダがいて、彼らブッダたちが実践し、そして受け継いできた教えであると述べたのである。

とくに前者（一八三）の詩偈は釈尊を含め、過去七仏(2)が共通して伝え、伝承してきた教えとして知られ、仏典では七仏通戒偈《しちぶつつうかいげ》と言われる。このように「仏教」はひとり釈尊の教えではない。経典中に伝えられる諸々《もろもろ》の教えはブッダたちの教えである。だから「仏教」は「ブッダたちの教え」と理解することが正しい。

釈尊は多くのブッダたちによって伝えられた教えに従って修行し、覚りを得た人である。と同時に、釈尊はそれを多くの人々に等しく説き示し、開示したのである。それが「仏教」である。そしてその教えはブッダたちが生涯にわたって実践したものであるから、ブッダになる教えである。それがまた「仏教」の意味でもある。このように「ブッダになる教え」と読み、理解することが仏教を学ぶ者にとってもっとも大切であると考える。

注

(1)「釈尊」の語は「釈迦《しやか》牟尼《むに》仏世《ぶつせ》尊《そん》」（釈迦族出身の聖者〈牟尼〉で、真理を覚った人〈仏〉であり、世間でもっとも尊敬するに値する人〈世尊〉という意味）という呼び名の、最初の「釈」と最後の「尊」を採った略語である。釈尊の俗名はパーリ語でいうと「ゴータマ・シッダッタ」である。ゴータマは苗字にあたり、シッダッタは名前である。釈尊を一般に「釈迦」と呼ぶが、これは釈迦族の名称で、個人の名前としては不適当である。「ブッダ」という呼び方をする場合があるが、これはすでに述べたように、釈尊の固有名詞ではないので、不適切である。学者によっては「ゴータマ・ブッダ」という表現を使っているが、これも仏典のなかに見当たらないので、適切な呼び名ではないという学者もいる。それで「釈尊」という呼び名に落ち着いているのである。

(2) 釈尊以前に六仏がいて、これに釈尊を加えて過去七仏と呼ぶ。略して七仏と言う。ちなみに七仏の名前は、ヴィパッシュイン（毘婆尸仏）、シッキン（尸棄仏）、ヴィシュヴァブ（毘舎浮仏）、クラクッチャンダ（拘留孫仏）、カナカムニ（拘那含牟尼仏）、カーシュヤパ（迦葉仏）、シャーキャムニ（釈迦牟尼仏）である。彼らが出現した時期は、古代インドの宇宙的時間（劫）で示されており、釈尊以前の六仏のうち、まえの三仏ははかり知れない遠い昔に、後の三仏は釈尊と同時代に現れたとされる。

三　釈尊は最初になにを説法したか

三十五歳のとき、釈尊は菩提樹の下で覚りを得たと仏典には記されている。では、覚りを得たと言うが、なにを覚ったのだろうか。

この質問をすると、多くの仏教僧はわれわれ凡人の知るところではなく、それはブッダになった者にしかわからない境地だという答えが返ってくる。そうであれば、凡人はいつまでたっても釈尊が覚ったものを知ることはできない。

初期仏教の経典に記されている釈尊のことばによると、これが真理であり、道理であるから、それをよく理解して修行すればブッダになることができ、また、在家者は日常生活のなかで実践していけば、死後天に生まれると説いている。これははっきりと覚りの内容をわかりやすく教えているのではないだろうか。ブッダになった者しか理解できないのであれば、現代まで多くの人々に信仰され、伝えられなかったのではないか。

釈尊は、菩提樹の下で覚った真理をかつての修行仲間の五人にサールナートで初めて説き明かしたではないか。これは真理の開示であった。

それまで創造主による世界創造説が定説であった時代に、世界のあらゆるものは種々の原因と条件が集まり、絡み合いながら現象していると説いたのである。

釈尊は、

これがあるときに、かれがある。これが生起するから、かれが生起する。
これがないときに、かれがない。これが滅するから、かれが滅する。

という詩偈を述べた。

これは、ものはみな相対的に依存し関係して存在しているということを意味する詩偈である。時間的にもこれが生起したら、これに縁《よ》りて他のものが生起する。他のものが生起すれば、次にその他のものに縁りて、さらに他のものが生起する。

反対にこれが消滅すると、他のものはこれと関《かか》わっているので自然に消滅する。他のものが消滅すると、これと関わっているものは自然に消滅する。

空間的にもこれがあると、それに依存し関わって他のものがある。他のものがあるとそれと関わるものがある。反対にこれがなくなると、他のものもこれに縁りてなくなる。他のものがなくなると、他のものに縁りてあるものも自然になくなる。世界に存在するものは、なに一つとして神の采配《さいはい》によって生滅するのではない。創造主の力によって創造されたり、消滅したりしているのではない。みな存在するものが原因となり条件となって生滅を催しているという法（真理）を、釈尊は発見したのである。

この真理、つまりダルマ（法）を仏教用語で縁起と言う。すでに述べたように、ものが「縁りて起こっている」というダルマである。一般には縁起と言えば吉凶に関わる語として「縁起でもない」「縁起物」などと用いて、仏教用語から離れた意味で使われている。この一般的に用いられている「縁起」と区別するために、本書では衆縁和合という用語を使うことにしたい。

衆縁和合《しゆえんわごう》の語は、仏教文献の『中論』の漢訳本、『稲芋経《とうかんきよう》』の漢訳本などに見られる用語で、類語に因縁所生《いんねんしよしよう》（原因と条件によってものは生起する）という漢訳語もある。衆縁和合の語句は常用された仏教用語で、新しい造語ではない。

衆縁和合とはもろもろ（衆）の条件（縁）が相乗・複合・融合して作用し、生滅している（和合）という意味である。これが菩提樹の下で覚った真理である。これを五人の修行者に、釈尊は話したのである。

釈尊はこの真理を説いた後、次のように語った。

修行者たち、出家した者が行《おこな》ってはならない二つの極端なことがある。その二つとはなにか。

1　さまざまな欲が起こったときに、欲の快楽に耽《ふけ》ることである。それは下劣で野卑で、おろかな行いであり、高尚でなく、自分のためにならない。

2　自らを苦しめることである。これは苦しみであり、高尚でなく、自分のためにならない。

如来《にょらい》（私）は、この両極端に近付かず、中道《ちゅうどう》によって真理を説く。

（『転法輪経』〈南伝大蔵経十六巻上、相応部経典五〉）

極端に走るな、バランスのとれた生き方をせよ、と語っている。欲のおもむくまま、快楽に耽ってはならない。また、自分の肉体を苦しめて、なにか恍惚《こうこつ》の状態に高めるようなことをしてはならない。この二つの生き方は極端な生き方で、おろかな行いであり、高尚でなく、自分のためにならないと言う。

そこで中道、つまり公正で、中正な歩み（道）をとるべきだと教えた。

どうして釈尊は彼らにまずこのことを説いたのであろうか。それには次のような経緯がある。

釈尊は出家する前、日々歓楽の酒宴を催して、快楽の極みを尽くし、贅沢《ぜいたく》な生活を送った。その生活は宴《うたげ》の間は楽しい気持ちでいっぱいであったが、翌日になるとその歓楽の虚しさを感じるという繰り返しであったと述懐している。この経験が欲の快楽に耽ることは下劣で野卑であると語らせているのである。

次に、かつてウルヴェーラ村の苦行林《くぎょうりん》で死を覚悟した種々の苦行を実践した。結果はなにも得るものはなかったと言い、「六年間、苦行を行ったが、それはちょうど空中に結び目を作ろうとするような年月であった。この苦行は覚りに至る道ではないと考え、普通の食物を摂《と》るために村や町で乞食《こつじき》をして食物を得た」（『ジャータカ』）のである。釈尊は苦行を捨てた。単に肉体を苛《さいな》むだけの修行は、ほんとうの覚りにはほど遠いと考えたのである。

この苦行したときの事情に触れながら、目の前にいる釈尊に向かって五人の修行者は次のように語りかけている。

君はいろいろの修行をし、さらに苦行も行ったが、それでも完成した、聖なる特別の知見に達することはできなかったではないか。しかもあのとき、贅沢して、苦行を続けるのをやめて、奢侈《しゃし》に走ったではないか。そんな君がどうして凡人を超えた、完成した特別の知見に達することができたのか、不思議でならない。

（『ジャータカ』第一巻より、要旨文）

彼らは釈尊を堕落した修行者と考えていた。彼らはそのときも苦行していたのだろうか。

これに対し、釈尊は自ら体験した極端な快楽生活と極端な苦行生活は自分のためにならない、覚りを得る助けにならないと判断して、公正な歩みこそ正しい道だと説いたのである。

さらに釈尊は中道の生き方は八正道の実践によって実現できる、体現できると説いた。すでに述べたように、八正道は過去のブッダたちが実践した道であった。つまり古人の足跡（古人の行履《あんり》）である。釈尊の創案による修行法ではなかった。したがって八正道は諸仏の修行法であると強調している。

このことは『法句経《ほっくきょう》』の第二七三偈から第二七六偈にかけて記されているが、それをまとめて紹介しよう。

1 八正道はすべての道のなかでもっともすぐれている道である。

2 八正道は真理を見るはたらきを清める道である。

3 八正道は苦しみをなくす方法である。

4 八正道は悪魔の束縛から解放させる道である。

八正道は真理を見るための、苦しみを断つための、悪魔（誤った考え方、貪欲《とんよく》、妄執など）から遠ざかるための、最高の歩みであると説いている。

次に、その八正道の内容を紹介しておこう。

正しい見解。これは、ものは因縁によって生起するという真理を熟知し、世間が苦しみに満ちている現実を正視して、苦しみの原因と、苦しみを超克《ちょうこく》する方法と、さらに苦しみを超克した境地を熟知することである。すなわち四つの真理（四諦《したい》）を熟知することである。

正しい思念。これは煩悩を起こさず、怒らず、殺生《せっしょう》しないように心がけることである。

正しいことば。これは嘘《うそ》、悪口、両舌《りょうぜつ》などを口にしない、つまりことばを慎むことである。

正しい行為。これは殺生しない、盗まない、邪淫《じゃいん》しないなど、行いを慎むことである。

正しい生活。これは怠惰な生活、歓楽におぼれた生活、邪《よこしま》な生活などを捨てて、道理に適《かな》った生活をすることである。

正しい努力。これは悪心が起きないように、生じた悪心を捨てるように、善心が起きるように、生じた善心をさらに増長するように、それぞれ努力することである。

正しい念想。これは、身体をよく観察し、正しい知識を忘れず、外界の事象を観察して、正しい知識を得て忘れない。そして貪《むさぼ》りや怒りを鎮め、正しい知慧《ちえ》を得るようにすることである。

正しい注意。これは、平静な状態になるまで内面に一切の感情的起伏がないように心を制御することである。

以上の八つの項目は、とくに難しいことを挙げているのではない。しかしこれらをすべて完全に達成できたら、だれでもブッダと呼ばれる人物になれると釈尊は五人の修行者に説いた。

改めて八つの項目を見ると、出家者だけでなく、在家者にも実行できる内容である。つまり八正道は出家者、在家者を問わず、だれでも日常生活で実践しなければならないというより、日常生活のなかで実現できる項目である。八正道は苦行でもない。神秘的な境地を求めるヨーガでもない。ごく日常的な生活環境のなかで、だれでも実行できる修行である。釈尊は覚りの境地は八正道という王道を実践して得られ、これをほかにして無上の道はないと説いたのである。したがって、仏典では共通して八正道が修行の基本である。この『大乗涅槃経』も例外ではない。

釈尊が最初に説いた教えといえば、因縁説と中道の教えである。詳しく言うと、世間はみな種々の原因と条件が絡み合い、依存関係して生滅しているという真理を開示し、この世間において極端な考え方や生き方を避けて、八正道を実践して中道を歩むことがブッダへの道であると説いたのである。

四　諸行無常の意味

諸行無常《しょぎょうむじょう》は仏教の三つの命題の一つで、他の一切皆苦《いっさいかいく》、諸法無我《しょほうむが》とあわせて理解するとその真意をつかむことができる。ここでは諸行無常・一切皆苦・諸法無我の三つをまとめて述べて、仏教思想の基本を紹介しよう。

世間という語は原語でサンサーラと言い、移り行く（世）場所（間）という意味である。世界の語も同じ。サンサーラを経典では「輪廻」と訳している場合が多い。一般には輪廻は世間や世界とは違った意味で理解しているが、もとの語は同じである。つまり世間や世界は輪廻している場所という意味である。何度も生まれ変わり死に変わりしているところである。

そこで世間の真理はなにかと観察してみて、釈尊は『法句経』第二七七偈から第二七九偈において次のように説いている。

「一切の形づくられたものは無常である」と正しい知慧をもって観ると、人は苦しみから遠く離れる。

「一切の形づくられたものは苦しみである」と正しい知慧をもって観ると、人は苦しみから遠く離れる。

「一切の事物は私ではない」と正しい知慧をもって観ると、人は苦しみから遠く離れる。

「一切の形づくられたものは無常である」は諸行無常と、「一切の形づくられたものは苦しみである」は一切皆苦と、「一切の事物は私ではない」は諸法無我と、それぞれ漢訳された。

すべての形あるものはみな千変万化《せんぺんばんか》して、同じ形や状態を保っているものはなに一つないというのが諸行無常の意味である。なに一つ固定したものはなく、恒常なものはなく、永遠なものはなく、みな不定であるという意味である。

気候も、空気も、光も、時も、空も、宇宙も、みな千変万化し、不定である。この身体についても同じである。この身体は不滅のものではなく、どの部分をとっても不定なものばかりである。

みな無常である。諸行無常であるから、形あるものはみな私の思うようにならない（苦）と観察したのである。

苦とは原語でドゥフカと言い、思うようにならない、欲するようにならない、願うようにならない、そして避けられないという意味を表すことばである。一般に苦しいと表現するのは怪我《けが》や腹痛や頭痛などのときの痛みに耐えられないときであるが、それでもその苦しさは耐えられないという気持ちを表しているので、やはり思うようにならない、願いどおりにならないという意味が含まれている。

しかし、仏教で使っている苦の意味は、世間で知られる「四苦八苦」で理解されている。

四苦とは、生まれること、老いること、病むこと、死ぬことである。いずれも世間に生きているかぎり、これら四つは思うようにならない、避けられないものである。四苦は避けられないという意味がとくに強い。

生まれたら老いは避けられない。だが人はいつまでも自分だけは若いと慢《おご》っているところがある。

生身をもっていると体調を崩し、病に冒されることは避けられない。肉体だけでなく、心にストレスがたまったり、悩みが生じたりして病む。病は避けられない。しかし自分の肉体はいつまでも健康であると慢っている。

生まれたら死は避けられない。しかし自分だけは長生きできる、死なないと生命に対して奢《おご》りをもっている。

釈尊は、すべての形あるものは自分の思うようにならない、つまり一切皆苦と観察した。ものは千変万化し、不定であり、自分の思うようにならないから、世間にあるものはみな「私」でもなければ、「私のもの」でもないと観察した。

諸法無我の諸法とは、すべての有形・無形のもののこと、すべての事象を言い、このなかには人も含まれる。

ということは、親であれ、妻であれ、夫であれ、子であれ、兄弟姉妹であれ、血がつながっているものであれ、血がつながっていないものであれ、みな私でもなく、私のものでもないので、みな他人である。親も、妻も、夫も、子も、兄弟姉妹も、親族も、血のつながりのないものも、私の思うようにはならない。欲するようにはならない。

みな私ではない。私のものではない。なぜか。他人だからである。

形に現れているもの、現れていないものも私であったり、私のものであったりすることはない。

このように世間のあらゆるものを観察すると、諸法無我であると釈尊は説いた。

では、なぜものはみな千変万化しているのだろうか。その答えは一つ、すべてのものは衆縁和合しているからである。みな「縁りかかって存在している」からである。さまざまな原因と条件が絡まって相乗、複合、融合して生きており、存在しており、動いており、はたらいているからである。

衆縁和合しているから諸行無常である。衆縁和合しているから一切皆苦である。衆縁和合しているから諸法無我である。

創造主が創造して流転《るてん》しているのではない。神の采配によってものが創造され、はたらき、そして消滅しているのではない。世間のあらゆるものは種々の要素が原因となり条件となって相乗し、複合し、融合してはたらき、催して生滅を繰り返しているにすぎない。それらに不滅のものはなに一つないというのが、諸行無常の真の意味である。

したがって釈尊は、世間にあるものに神が内在するとか、常住不滅の実体が宿るとか、まったく説いていない。

本書を読み進むうえで、これが仏教の基本的考え方であることを記憶しておいていただきたい。

五　古代インドの因果説

因果異時の考え方

因果とは、原因と結果の合成語である。事象は原因と結果の関係で生じ、変化し、滅している。時の流れのうえでは原因は前に、結果は後にある。原因と結果は時の推移では異なるので、これを因果異時（原因と結果は時を異にする）と言う。

この因果異時では、原因と結果が同時に関わることはない。同時に関わると原因と結果という関係ではなくなるからである。

事象の生滅・変化は一般には因果異時で考えられているが、その代表的なものは原因が唯一絶対なもの、神、創造主などを原因とする場合である。これらはあらゆる事象が現れる最初にある。なぜなら、これらはあらゆるものを創造する原因そのものだからである。

これは古代インドの世界創造説の一つ、転変説《てんぺんせつ》である。唯一絶対なものから世界は展開し、変化したという考えである。

もう一つの世界創造説は、種々の要素が集合して事象は生滅・変化しているという要素集合説である。これは種々の要素が集合して事象は生滅・変化しているという考えである。要素集合説は事象が生起することについて種々の原因を想定している。したがって、唯一の原因だけから世界が生起したとは考えない。

そして要素集合説では、原因はその原因を生起した前の原因があると考えるので、この場合の因果異時は原因は前の原因の結果であることになる。一方、結果は次のなにかを生起する原因となる可能性をもつので、結果は原因となると考えられる。

要するに、原因は次のものを生起するまでは結果であり、結果は次のものを生起したら原因となる。事象の生滅のなかでは絶対的原因とか絶対的結果というものはない。

唯一絶対なものは絶対的原因である。この原因は他のいかなるものからも生起したのではないから。そして唯一絶対のものから創造されたものはそれ自身、他を生起する原因となれないので、結果が原因となることはない。ものはすべて唯一絶対なるものが創造するからである。

ところが要素集合説ではすべてのものは種々の要素が集合して生起するので、どんなものもみな他から創られたものである。したがって絶対的原因はない。原因は他から創られた結果であり、結果も他を生起する原因となる可能性をもつかぎり、絶対的結果は存在しない。

因果異時の因果関係を考えるときには、この二つの説を念頭におかなければならない。

因果同時の考え方

因果は空間的に同時に存在することも考えられる。たとえば二つの束ねた葦《あし》が相互に寄りかかって立つ場合、この依存状態は広い意味の因果関係にある。つまり葦は束にしても一つだけでは立たず、二つの束を寄りかからせるとなんとか立つ。この場合、二つの葦の束はいずれかの束が他方を支えているのではなく、二つが同時に支えていなければどちらの束も倒れる。いずれも支える行為の原因ともなり結果ともなるので、相互に原因と結果のはたらきが同時に行われている。これを因果同時（原因と結果とは前後ではなく、同時に関わっている）の関係と言う。

因果同時の考え方の一つに因中有果説がある。原因のなかにすでに結果があるという考え方である。たとえば乳とバターの関係は、バターの本性はすでに乳のなかにあると考えるのが、この説である。

これに対して、原因のなかには結果はまったくないという考え方、すなわち因中無果説がある。たとえばバターは乳が時間をかけて発酵した結果であるので、乳とバターは同時に存在しないというのが、この説である。

古代インドでは、これらの因果説をもとにさまざまな哲学や宗教が世界観や人生観を展開した。とくに因中有果説と因中無果説は仏教思想と大きな関わりをもち、釈尊の思想を正しく理解するうえでの基礎知識である。

六　因果と業報

古代インドの宗教では、善行は善い結果を得るが、悪行を積むと悪い結果を招くと説いた。いわゆる善因善果・悪因悪果の「業報《ごっぽう》」（行いに応じた報い）の考え方である。

業報の考え方は輪廻思想を生み出した。つまり来世に再生する原因は現世での行いにあると考え、生類《しょうるい》は現世の業《ごう》（行い）の報いを来世に、来来世に繰り返し受け続けて輪廻するという信仰が生まれた。

神を祀《まつ》り、信仰し、日々礼拝し続けると来世で安楽が保証されるが、不信心で、神を祀ることを怠れば、来世で不幸な生活が待っているという教えが、古代インド人の信仰の中心であった。

宗教家へ食事を施与《せよ》すること(布施《ふせ》)、神々を祀ること(祭礼)、神々へ犠牲を捧げること(供犠《くぎ》)などを実行すれば、現世でご利益《りやく》があるとか、来世は天に生まれるとか、善い果報が得られるとヒンドゥー教では説かれた。この信仰生活の中心は祭礼を重んじることにあった。

一方、このような祭礼を重視した信仰や思想を非合理であり、無意味であると非難したグループが、紀元前六世紀から五世紀頃に現れた。初期仏教文献には代表的な六人の自由思想家がいたと記されている。

そのなかの一人プーラナ・カッサパは、因果応報説を否定した思想家である。彼はすべての行いは無意味であり、行いによる効用はなにもなく、その果報もないと説いた。この世の行いがどうであれ、あの世で受ける果報を思い煩うことはない。善行によって幸せな報いが得られるわけではなく、悪行によって不幸な報いを受けるという確証もないと言って、来世も前世も否定し、行為の因果関係を否定した(1)。

要するにすべての事象は自然のままで、なるようになると考えていたのであろう。

また、マッカリ・ゴーサーラという思想家は、地・水・火・風・苦・楽・霊魂の七つの要素で身体は構成されていて、これらが結合したり、離散したりしているのが生類の身体であると言った。次のような彼のことばが伝えられている。

生けるものたちには、汚れもなければ縁もない。生けるものたちは、因もなく縁もなく汚れる。生けるものたちには、清浄の因もなければ縁もない。生けるものたちは、因もなく縁もなく清浄になる。自己による行為はない。他者による行為はない。人による行為はない。力はない。精進はない。人の勢力はない。人の努力はない。

すべての生けるもの、すべての呼吸するもの、すべての存在物、すべての生命あるものは、自在力がなく、力がなく、精進がなく、ただ運命により、結合により、性質により変化し……。(2)

すべての事象は自然にあるがままにあり、ことは自然に成立し、個人の努力や行動は無力であると言った。したがって、ものは原因や条件によって生じたり滅したりするのではなく、そうなるようになっているにすぎないという、いわゆる宿命論、あるいは決定論を唱えた。

また、次のような彼の考えも伝えられている。

輪廻は限定されたものであって、そこには増減もなく、盛衰もない。愚者も賢者も、ちょうど糸玉が投げられるとほぐれて解けてしまうように、流転し輪廻したあと、苦の終わりを作ることになる[3]。

ここでは生類の誕生は転生《てんしょう》に任せて、自然に、必然に行われていて、人に生まれるのも必然の出会いであると述べている。

さらにそれぞれの生類の苦しみや楽しみは升《ます》で量《はか》られたように決まっており、転生する間に量られただけの苦しみと楽しみを味わわなければならない。それが終わるまでは転生を繰り返すと言う。

これは決定論である。すべての生類は運命のレールに導かれて生死輪廻していると言う。

また、アジタ・ケーサカンバリンという自由思想家がいた。彼はインド最初の唯物論者だと言われる。彼は次のように述べている。

布施というものはない。供犠というものはない。献供というものはない。善行・

悪行の果報はない。この世はない。あの世はない。……人というものは、四大要素から成り、死ねば、地は地の本体に還《かえ》り、水は水の本体に還り、火は火の本体に還り、風は風の本体に還る。……布施なるものは、愚者の定めたところである。……愚者も賢者も、身体が滅ぶと、断滅し、滅亡し、死後には存在しない。(4)

生類は地・水・火・風の四つの要素から成り、死後、これらの要素は離散して、それぞれの集合に還り、生類の存在を示す痕跡はなにも残らないと説いた。霊魂の存在もない。現世も来世もなく、善行の報いも悪行の報いもないと言った。いわゆる因果応報説を完全に否定したのである。

以上のような因果説をもとに種々の考え方が思想家たちによって披露された。彼らの考え方は荒唐無稽《こうとうむけい》とは思えない。当時の人々に多大の影響を与えたことは確かで、だからこそ仏教文献で取り上げられ、それらの考え方が正しいか否かを釈尊に尋ねているのである。

そして六人の自由思想家の考え方は、釈尊の生き方や考え方に深く関わっていることも否定できない。

注

（1）片山一良訳「沙門果経」（『原始仏教』2、一九九一年所収、一二頁以下参照）
（2）片山一良訳「沙門果経」（『原始仏教』2、一九九一年所収、一六頁）
（3）片山一良訳「沙門果経」（『原始仏教』2、一九九一年所収、一七頁）
（4）片山一良訳「沙門果経」（『原始仏教』2、一九九一年所収、一八〜一九頁）

七　創世のもとは有か無か

世界創造の原因はなにか。それは唯一のものか、複数のものか。たとえば唯一の創造主や神がいて、それが世界を創造したという考えは前者にあたる。無数の複数というのではなく、二、三の神が協同して創造したという考えが後者になろう。これらの原因説は世界は「有《う》」から創造されたという考え方である。この考え方は古今東西の宗教や哲学で説かれてきたもので、一般的な原因説である。

古代インドに限定すると、世界は「無《む》」から創造されたという原因説もある。この説が現れたことで、古代インドの宗教・哲学の思想界は「有」と「無」の対立で大きく分かれた。そこで次にこの対立の発端と流れを簡単に紹介しておこう。

有でも無でもなかった

およそ三千年前、インド最古の宗教文献である『リグ・ヴェーダ』が現れた。この文献に詩人たちの神話的・思弁的宇宙論を総決算した「ナーサッド・アーシーティア讃歌」が記載されている。ここに宇宙の原初は「有」でも「無」でもなかったということばが残っている。

その時、無もなかった。有もなかった。空界もなかった。それを覆う天もなかった。何者が活動したのか、どこに、だれの庇護《ひご》のもとに。深くして測ることができない水は存在したのか。

（辻直四郎訳『リグ・ヴェーダ讃歌』一〇・一二九、岩波文庫、三二二頁を参照）

宇宙の原初は、無とも有とも言えない状態であったと言う。無と有という相対が現れる以前の状態から無と有の区別が現れたようである。

その無でも有でもない状態では、空もなく、天もなかった。動いているものが何者か、そして何者に保護されて動いているのかさえわからない。そのなかに水があったかどうかも想像できないので、水は存在したのだろうかと疑問を呈している。

最初は有であった

西暦紀元前五百年を中心として前後数百年の間に成立したと言われるウパニシャッド文献中の古い成立の文献『ブリハッド・アーラニヤカ・ウパニシャッド』『チャーンドーギヤ・ウパニシャッド』などになると、現象世界には唯一不変な実体であるブラフマン（梵）が存在し、これが増大して世界は創造されたという考えが唱えられるようになった。

ブラフマン（brahman）とはブリフ（$\sqrt{\overline{\text{bṛh}}}$「増大する」の意味）というサンスクリット語の動詞語根が語源で、「増大しようとする意志」「魔術的な霊力」などと理解されている。種々の解釈が研究者によって示されるが、いずれにしてもこれはすべての現象を成立させる基盤となる霊力であり、熱力であるといえる。

この絶対者の分身をアートマンという。アートマン（ātman）とはアン（$\sqrt{\overline{\text{an}}}$「息する」の意味）というサンスクリット語の動詞語根が語源で、「息」「気息」の意味から、のちに生気、身体、自己、霊魂などの意味まで含むことばとなった。

この二つの原理は同一の存在として理解され、生類の存在の基底には究極の、本来の自己があるという自覚と、それがすなわち絶対者にほかならないという確信の表明がされている。個人の小宇宙の原理（アートマン）は大宇宙の原理（ブラフマン）と本質的に同一とみなす思想が生まれた。

シャーンディリヤという哲学者は、「心臓の内部に存在するわがアートマンは、米粒よりも、麦粒よりも、芥子《けし》粒よりも、黍《きび》粒よりも小さい。……心臓の内部に存在するわがアートマンは、地よりも大きく、空界よりも大きく、天よりも大きく、これらの世界よりも大きい。彼のうちに、一切の行動、一切の願い、一切のかおり、一切の味が存在する。彼はこの一切を自分のうちに包含している。彼は語らず、彼は悩むことがない。……これ、すなわち心臓の内部に存在するアートマンは、ブラフマンである。私はこの肉体を離れたときに、これと合一する」と言う。

彼は「事象はそのままがブラフマンである。これは事象のそのままであり、極大であり、極小であり、無限大であり、無限小である」と言い、世界の最初は有であったことを述べる。ここには因中有果の考えが見られる。

最初は無であった

これがのちに無と有の区別が考えられ、『リグ・ヴェーダ』には「神々の原初の時代に有は無から生じた」（一〇・七二・二〜三）という意見が現れたと述べられている。さらに『アタルヴァ・ヴェーダ』は「有は無により、生類は有によっている」（一七・一・一九）とか、「無から生じたそれらの神は実に偉大である」（一〇・七・二五）とか説いている。後のブラーフマナ文献では、この思潮に乗って、無も一種の根本的原理と考えられ、無を原初とする多数の創造神話を伝えている。たとえば『タイッティリーヤ・ブラーフマナ』は「原初にこの宇宙は無であった。それから実に有が生じた」（二・七）と述べている。

さらに古いウパニシャッド文献にも、「原初にこの宇宙は無であった。それが有となった」（『チャーンドーギヤ・ウパニシャッド』三・一九・一）とあるように、原初は無から始まったという考えがあった。

原初は無であったとする『リグ・ヴェーダ』以来の一般的思潮を真っ向から否定したのが、ウッダーラカ・アールニという哲学者である。彼の考えは『チャーンドーギヤ・ウパニシャッド』（六・一〜一六）に記載されている。そのことばの一部を紹介しよう。

一、「愛しいものよ！ ここに、最初、存在しているものだけがあった。それはただ一つであり、第二のものを有しなかった。それに関連して、ある人々は言う――「ここには、最初、存在していないものだけがあった、それは、ただ一つのものであり、第二のものを有しなかった。この存在していないものから、存在しているものが生まれた」(六・二・一)

(湯田豊『ウパニシャッド――翻訳および解説』大東出版社、二八四～二八五頁)

ここに無から有が生ずるという考えが間違っていると教えている。この有の哲学はバラモンの正統思想として受け継がれ、のちのインド思想史に多大の影響を与えた。一方、無の哲学はさきに紹介したアジタ・ケーサカンバリンの唯物論やジャイナ教や仏教などの非正統の思想に受け継がれた。たとえば大乗仏教の阿頼耶識《あらやしき》、如来蔵《にょらいぞう》、仏性《ぶっしょう》などの中心的思想は無の哲学の伝統を受けていると考えられる。(1)

有の哲学は因中有果説に該当する。つまり、ものが生じる前にもの自体がなんらかの形で原因のなかにすでに存在しているという考えである。たとえば創造主が自らを放出したり、解体したりして物を創り、それぞれの物の本質として内在するという因果説である。事象の本質はすべて創造主のなかにあり、さらに現象した物は創造主の分身である。

これに対して無の哲学は絶対の無から物が生じるという説である。神や創造主の存在を支持する人は、なにもないところから物が生じるなど馬鹿げていると一蹴するが、無から有が生じることは決して荒唐無稽なことではない。

これは原初に物の原形や因子はないが、物は種々の要素が集合して形を成すという考えである。たとえば空に浮かぶ雲は、快晴の空にはかけらもない。雲そのものの因子も原形もない。しかし気象の変化によって気流が起こり、霧が現れ、集合して厚い雲が生じる。まったく無であったところに雲が生じる。これは因中無果説にあたる。

世界の創世は有なのか、無なのかは、これまで述べてきた因中有果説か因中無果説かに分かれる。因中有果説は創造主の分身である常住のアートマン（あるいは霊魂）が生類に内在するという考えであるが、これに対して釈尊は縁起のダルマ、つまり衆縁和合のダルマにもとづいて世間を観察するので、実は因中無果説にも因中有果説にも属さない立場である。

次に、仏教の衆縁和合説が因中無果説・因中有果説のいずれでもないことを本書の主題である『大乗涅槃経』に語らせることにしたい。

注

（1）前田專學『インド哲学へのいざない　下』日本放送出版協会、七六頁参照。

八　因中有果説を論破する

古代インドでは個々の事象はすでに原因のなかにその本性があり、それが展開して形を現すと考える人たちがいた。

ところが釈尊は事象はすでにあった本性が出現するのではなく、衆縁和合して生ずると説いた。これをもとに『大乗涅槃経』では乳とヨーグルトの関係を譬《たと》えにして因中有果説を論破している。

この経典は釈尊と菩薩《ぼさつ》との対話の形式で構成されているので、対話の内容を紹介しながら、考えてゆくことにしよう。

次は師子吼《ししく》菩薩が疑問を提示し、これに釈尊が答えている一場面である。

釈尊「菩薩、私は乳のなかにヨーグルトがあるとは説いていない。ただヨーグルトは乳からできるから乳にあると言っているのだ」

菩薩「世尊、すべての生じるものはそれぞれに生じる時期がありますが……」

釈尊「菩薩、乳の状態のときはヨーグルトではない。また、バターもチーズも見当たらない。人々はこれを乳と言う。だから私は乳のなかにヨーグルトはないと言っている。譬えて言えば、一人で製鉄と金細工をこなす技術をもつ人に、なぜ金鉄師という名前が付けられないのだろうか。ヨーグルトのときは乳でもなく、バターでもなく、チーズでもない。人々もそれをヨーグルトであると言い、乳でもなく、バターでもなく、チーズでもないと言う。これはチーズの場合も同じことが言える。

ところで原因に二種類ある。一つは根本因。これを正因《しょういん》と言う。もう一つは補助的原因で、これを縁因と言う。

正因とは、乳がヨーグルトを生ずる場合の原因を言う。縁因とは、酵母や温暖などのような原因を言う。この二つの原因によって乳から生ずるので、乳のなかにヨーグルトの性質があると言ったのだ」

菩薩「世尊、もし乳にヨーグルトの性質がなければ、その意味では角《つの》のなかにもその性質はありません。そうであればなぜ角からヨーグルトが生じないのでしょうか」

釈尊「菩薩、角もヨーグルトを生ずることがある。さきほど、私は補助的原因に酵母の原因と温暖の原因があると述べた。角の性質にはこの補助的原因の温暖があるのでヨーグルトを生ずる可能性があると考えられる」

菩薩「世尊、もし角にヨーグルトを生ずる可能性があれば、ヨーグルトが欲しい人はなぜ角に乳を求めないのでしょうか」

釈尊「菩薩、だから私は正因（根本因）と縁因（補助的原因）の二つを説いたではないか」

菩薩「世尊、もし乳のなかにもともとヨーグルトの性質がないのに、いま、そのヨーグルトがあると言われました。であれば、乳のなかにはもともとなかったマンゴーの木がなぜ乳から生じないのでしょうか。ヨーグルトもマンゴーの木も二つとももともとなかったのですから、条件としては同じことではないでしょうか」

釈尊「菩薩、乳もマンゴーの木を生ずる可能性がある。もし乳をマンゴーの木の根元に注ぐと、一夜のうちに数センチほど生長するだろう。そこで二つの原因について説いたのだ。

もしすべての物が唯一の原因から生ずれば、なぜマンゴーの木は乳から生じないのかと質問することさえないのではないか。地・水・火・風の四つの物質的要素はすべての物質を形成する因縁となるが、物質はおのおの形が異なり、差があり、不同であることを考えてみるとよい。その意味で乳からマンゴーの木は生じない」(師子吼菩薩品第十一の二〈大正蔵経十二巻五三〇頁中〜下〉)

菩薩「世尊、私はいま、はっきりと乳のなかにヨーグルトの性質があるという意味がどういうことであるかを知ることができました。世間でヨーグルトを求める人について考えますと、その人たちはただ乳だけを求めていて、水を求めているわけではありません。それは乳にヨーグルトの性質があると人々が知っていることではありませんか」

釈尊「菩薩、そうではない。(中略)君が言うように乳のなかにヨーグルトがすでにあれば、なぜ乳を売る人は乳の値段だけを受け取り、ヨーグルトの値段を要求しないのだろうか。雌馬《めすうま》を買うときに、親馬の値段だけを受け取り、将来産まれる子馬の値段をなぜ要求しないのだろうか。

もし女性に産まれてくる子の性質がすでにあるからというなら、その考え方は正しくない。なぜならもし子の性質があれば、孫もいなければならない。もし孫がいれば、一つの胎から産まれるのだから、その女性から産まれる子と孫とは兄弟ということになろう。したがって私は女性に子の性質はすでに存在しないと言っている。

もし乳のなかにヨーグルトの性質があれば、なぜ同時にバターやチーズの味がしないのか。もしニグローダ樹の種子に十メートル以上の高さになる大木の性質がすでに存在していれば、同時に芽、茎、枝、葉、花、果実、色、形などの違いもすでに存在していなければならない。それらを見ることはできないではないか。

乳の色はときには違う場合がある。味も違う場合がある。これはチーズについても同じことが言える。どうして乳のなかにヨーグルトの性質があると言えるのか。譬えて言うと、ある人が病んでグリタを薬として飲むべきであったのに、飲まなかったので、身体が臭《くさ》くなったことを考えてみよう。普段、乳を飲んでいるのなら、すでにそのグリタは一緒に飲んでいるはずである。ところが乳のなかにグリタがなかったので、その病に罹《かか》ってしまったのである。

もし乳のなかにかならずヨーグルトがあったら、これと同じことが考えられるのではないか。

譬えて言うと、人は食べて命を保っている。食物のなかにもともと命があるだろうか。もし命がすでにあれば、まだ食べていないときに自分の命はそのなかにあることになる」

（師子吼菩薩品第十一の二〈大正蔵経十二巻五三〇頁上〉）

原因のなかに結果がすでにあるのか、それともないのか。釈尊はこの因果関係は正因と縁因の二つの面から考えるべきだと述べている。

乳のなかにヨーグルトの性質がすでにあると考えてはならない。とはいっても、乳からヨーグルトが生ずるのだから、乳はヨーグルトの原因となる。したがってヨーグルトは乳のなかにあると言える。

しかしもしヨーグルトがすでに乳のなかにあれば、わざわざヨーグルトを別に買い求める必要はない。ところが乳とヨーグルトは性質も味も栄養も異なり、効用も異なる。これらがすでに乳のなかにあるわけはない。

乳がヨーグルトを生ずると言うのではない。ヨーグルトが乳から生ずるには縁因、つまり補助的原因である酵母《こうぼ》や温暖が必要となる。それだけではない。ヨーグルトを生ずるための環境、道具、人力、知慧など、種々の条件を必要とする。これらが揃《そろ》ったときに、ヨーグルトは出現する。

出現したときにヨーグルトが乳から生ずる事実を知る。だからといって乳のなかにすでにヨーグルトがあったのではない。

これに関しては、後半の種々の譬えが懇切に教えてくれる。もし乳のなかに最初からヨーグルトの性質があれば、なにも酵母や温暖、そのほかの補助的原因がなくてもヨーグルトはできるはずである。

師子吼菩薩は、さらに意見を述べる。

菩薩「世尊、性質があるからこそ補助的原因を必要とします。なぜならはっきり見るためにです。補助的原因は顕現の原因（了因《りよういん》）、つまりあるものがたしかに形に現れるための条件となる原因です。

譬えて言いますと、暗やみのなかにすでにある物を見ようと思えば、灯《あか》りをもってきて照らし出します。これと同じに考えたらよいのです。もし最初からなかったら、灯りはなにを照らすのでしょうか。

譬えて言いますと、泥のなかに瓶《びん》が埋まっているとき、これを掘り出すには水を流し込んだり、縄や棒を用いる必要があります。これらの道具は顕現の原因です。また、ニグローダ樹の種子が発芽し、生長するためには土、水、糞《ふん》などが必要です。これらは顕現の原因です。
これらの譬えでわかるように、ヨーグルトを生ずるには乳のなかに酵母と温暖が必要です。これらが顕現の原因です。だから先に性質があっても顕現の原因が必要となります。この顕現の原因を借りて、ヨーグルトが生じます。したがって私は、乳のなかに先にヨーグルトの性質があると考えます」

釈尊「菩薩、乳のなかにかならずヨーグルトの性質があったら、それ自身が顕現の原因となりはしないか。もしそれが顕現の原因であれば、わざわざ顕現の原因を別に求める必要はないのではないか。この顕現の原因（了因）が性質であるから、これが結果をすでに予測するならば、正因がなくても結果を先取りすることになろう。もしそれ自身を予測し、認識しなければ、他を予測することも、認識することもできないのではないか」

菩薩「世尊、もし顕現の原因がなかったら、どうして乳である、ヨーグルトであると認識できますか」

釈尊「菩薩、世間の人たちが乳にはヨーグルトがすでにあると考えているのは、乳からかならずヨーグルトができるので、だから乳もある、ヨーグルトもあると

言うのだ」（師子吼菩薩品第十一の二〈大正蔵経十二巻五三二頁中〜下〉）

補助的原因はものが発生するための正因ではないが、ものが形を成すための条件となる、補助となると考えれば、この補助的原因は発生するものの性質がすでに最初になければならないのではないかと師子吼菩薩は質問した。

詳しく言うと、乳がヨーグルトになるために酵母と温暖という補助的条件が必要であれば、補助される本体であるヨーグルトの性質が乳のなかに先になければならない。だから菩薩は、乳のなかにヨーグルトの性質が最初からあるのではないかと質問したのである。

これに対して釈尊は、もしヨーグルトの性質が最初からあれば、それ自身が補助的はたらきもするのだから、さらに補助的条件を必要としないと反論した。そして乳からヨーグルトができるので、人は乳にヨーグルトが最初からあると単純に考えているのではないかとも答えている。

このように、仏教の衆縁和合説は因中有果説ではない。

九　因中無果説を論破する

では、衆縁和合説はどのようにして因中無果説を論破しているのだろうか。右に引用した部分の後、師子吼菩薩は釈尊にさらにきびしい質問を浴びせている。

菩薩「世尊、いま述べられたことは正しいとは思えません。私は次のように考えます。

譬えで説明します。時について考えますと、過去の時はすでに過ぎ去っており、未来の時はまだ来ていません。この二つの時は存在していません。まだ来ていないが来つつある時を存在していると言えば、これはおかしいことです。

息子がいないとき、私に子がいないと言うことと同じです」

釈尊「菩薩、過去の時は存在していることを譬えで説明しよう。

蜜柑《みかん》の種子を植えると芽が出る。そのとき、種子は形を失い、なくなる。これは芽についても、甘味や果実についても同じである。熟すと酸っぱくなる。この酸味は種子、芽、ないし果実などに最初から存在しない。

ただ種々の過程を経て、熟している間に形や色、姿などから酸味が生じたのだ。しかもこの酸味そのものは、最初はなかったのが現在あるのだ。最初はなくて現在あるといっても、最初の物に縁《よ》らなかったわけではない。

このように最初の種子は過去の物となっているが、それだからこそあると言える。この意味で過去の時は存在する。

では、未来の時がなぜ存在するかを譬えで説明しよう。

ある人が胡麻《ごま》を播《ま》いたとき、人が来て、

『なぜ胡麻の種子を播くのか』

と尋ねた。これに対して、

『油を得たいから』

と答えたとしよう。

この時点では油がない。しかし胡麻が生長して種子を収穫し、それを蒸して絞ったら油を得ることができる。これを予想して種子を播いた人が『油を得たいから』と答えたのは嘘ではない。この意味で未来の時は存在する。（中略）

また、過去の時が存在する理由を譬えで説明しよう。

ある人がひそかに王を罵《ののし》ったことがある。これが数年たってから王の耳に入

った。王はこれを聞いて、この人に、

『私はなにか罵られるようなことをしただろうか』

と尋ねると、この人は、

『大王、私は罵った覚えはありません。罵った本人はすでになくなっているからです』

と答えた。王は、

『罵った人、つまりお前と私の身体は二つとも今も生きているではないか。どうしてなくなったと言うのだ』

と叱責《しっせき》した。王の怒りに触れて、この人は命を絶たれた。

菩薩、この罵った当時の人と、罵られた当時の王のそれぞれの身体は現在の身体とはまったく同じではないが、罵ったという事実はなくなっていない。したがって過去の時は存在する。

また、未来の時が存在する理由を譬えで説明しよう。

ある人が陶芸家のところへ行き、

『花瓶があるか』

と聞いた。陶芸家は、

『ある』と答えた。ところがそこには花瓶らしいものは何も見当たらなかった。ただ粘土があったので、彼は『ある』と答えたのである。陶芸家は嘘をついたわけではない。これまでの譬えによる説明で理解できたと思うが、乳のなかにヨーグルトはあるのだ」

（師子吼菩薩品第十一の二〈大正蔵経十二巻五三二頁下～五三三頁上〉）

種子が芽となり茎となり果実となるには、その過程で補助的条件がなければならない。さらに今の種子があるのはその種子を残した前の果実がなければならない。前の果実が種子を残したことで今の果実がある。この場合、前の果実を実らせたその前の種子に今の果実がすでに存在していただろうか。いや存在していない。

しかし前の種子がなくてはその果実もなく、今の種子もその果実もないのである。これらはみな種々の補助的条件があって、衆縁和合して結果すると考えなければならない。

つまり過去の「時」や未来の「時」が存在するか、存在しないかの問題が取り上げられているわけであるが、『大乗涅槃経』はそれらの「時」は存在すると言う。要するに乳のなかにヨーグルトはあるという考え方、つまり因中有果説になるが、しかし一方に偏った考え方でないことはこれまでの説明から理解できよう。一方では乳のなかにヨーグルトの性質はないと説き、他方では乳のなかにヨーグルトの性質はあると説いている。いったいどちらの立場に立っているのであろうか。

これを相対的な立場から考えると、ヨーグルトの性質は乳のなかにすでにあると考えることもできるし、ある点から見るとヨーグルトの性質は乳のなかにないと考えることもできる。

衆縁和合の道理から言えば、最初から乳のなかにヨーグルトはあるとも言えるし、最初から乳のなかにないとも言える。種子と果実の関係を、種子のなかに果実があるのか、ないのかという観点から論じるとき、種子が果実になるまでの過程を観察して、そこには数えきれない種々の補助的条件があり、それらが衆縁和合して種子から果実になる。したがって、果実と種子とはまったく質的に異なると説いているのである。

これまで述べてきたことからわかるように、釈尊が説いた衆縁和合のダルマは因果説ではなく、因縁説である。つまり原因（因）と条件（縁）が絡み合って相乗・複合・融合して事象が生じ、そして滅していると説いたのである。したがってものが現象するときに、原因のなかにすでに結果が存在しているとか、反対に存在していないとかいうことではなく、すべての形あるものは種々の原因と条件の絡みによって出現しているので、原因のなかにあるとも言えるし、ないとも言えるという言い方しかできない。これは結果は条件次第で得られることもあり、得られないこともあるということである。

釈尊が発見したダルマとは衆縁和合のダルマで、結果は条件に縁るという意味で縁起（縁りて起こる）説といわれる。これは縁滅（縁りて滅する）という表現も含んだ用語である。これは不滅の実体、すなわち創造主、神、霊魂などは現象しているものには存在しないことを意味する。したがってすでに述べたように、釈尊は世間が有から創造されたという考えに対して、世間は無から誕生したと説いたことになる。つまり種々の原因と条件が集合し、催して世間が成立したというのである。

釈尊の縁起説は世間にある事象は無常であって、不滅ではないので、それらは不滅の実体ではないという考えである。また、不滅のものは世間に存在するものには内在しないという考えでもある。生類にも、われわれ人間にも内在しないのである。

すべてが物質的要素の集まりにすぎない。物質的要素の集まりから構成されている身体が外界のものを感覚し、見たり、聞いたり、嗅《か》いだり、味わったり、接触したり、思ったりしているにすぎない。この感覚は不滅のものが感覚しているのではない。不滅のものが支配しているのではない。身体のあらゆる感覚器官のはたらきによって行われていると言う。つまりあらゆる感覚器官が衆縁和合して行われているのである。

『涅槃経』を読むうえでとくに知っておかなければならない基礎となる仏教思想は、一、諸行無常、諸法無我、二、衆縁和合説、三、業報《ごつぽう》説である。

釈尊はすべての形づくられたものは無常であり、それらは相関して依存し、千変万化して刹那《せつな》に生じては滅しながら相続していると説法した。端的に、ものに不滅なものはないと言う。

生じたものは必ず滅すると説くのが仏教である。あるいは世間に存在するものに不滅なものはなにもない。だから釈尊は諸法無我と説いた。この考えの根底には世間は衆縁和合しているという道理があった。衆縁和合している道理をもとに世間のあらゆる諸事象を観察すると、ものの発生・誕生から増減・盛衰を経て、消滅・死去に至るまでを一つの過程とした諸現象はみな衆縁和合の事象であることを認識した。この過程は種々の原因と条件によって創造された。すべて創造された結果はすでに原因のなかにおいて予定・予想されたものでなく、まったく不定の結果である。だからこそ世間は千変万化すると言われる。なにが生まれ、出現し、発生するかは、おそらく神でさえ予想できない。

発生・誕生から増減・盛衰を経て、消滅・死去に至る過程は一過性ではなく、円環的に繰り返されると考えたのが輪廻の思想である。人は善と悪の行いを繰り返すことでそれは習慣的力を蓄えることになり、それを業《ごう》と表現した。善の業が大きければ天に生まれ、悪の業が大きければ地獄に落ちるという考えが定着して、ここに輪廻が業報（業の報い）によって展開するという信仰が伝承された。

この輪廻という円環的流転の呪縛から解き放たれるために出家し修行することが求められ、その修行が成就したときに輪廻からの解脱を達成すると説かれた。その達成者をブッダと呼んだ。

さて、簡単ではあるが仏教の基礎知識を紹介したが、これらはすべての仏典において共通して説かれていて、『大乗涅槃経』も例外ではない、と言いたいところである。しかしこの経典は例外である。後章で説明するが、『涅槃経』といっても大乗仏教の『涅槃経』では右に挙げた、一、諸行無常、諸法無我、二、衆縁和合説、三、業報説の三つのうち、一の考えに対して、諸行（あらゆる事象）は必ずしも無常ばかりではないと言い、また、生類には不滅のものが内在していると言い、これが仏説であると説いている。

これこそ釈尊の本音であったと説くに至っては、それまでの仏典の教義は水泡に帰することになる。いったいこの思想は仏教の本意であるかどうかを以後の仏教では論議したのである。この内容の違いを知ってもらうために、わざわざ仏教の基礎知識の一章を設けたしだいである。

第二章　『涅槃経』について

中国、チベット、朝鮮、そして日本などの仏教文献に見られる『涅槃経』は詳しくは『大般涅槃経《だいはつねはんぎょう》』と表示されるが、わが国では一般に『涅槃経』と略した名前で知られている。

実は『涅槃経』と言っても大別して二種類の『涅槃経』がある。紀元前に編纂された『涅槃経』と紀元後に創作された『涅槃経』があり、両者はまったく内容を異にしている。そしていずれも『大般涅槃経』と漢訳されている。

したがって一口に『涅槃経』と言ってもどの時代の『涅槃経』であるかを確かめないと、経文を引用するうえで思想的矛盾や内容についての誤解を生ずることになるので、注意しなければならない。わが国で親しまれている『涅槃経』は紀元後に創作されたもので、本書ではこの『涅槃経』を読む。

本章では、本題に入る前に、この二種類の『涅槃経』の成立と内容を略説し、さらに両者の内容の違いを概説して、経典の性格を説明しておきたい。

一　編纂された『涅槃経』と創作された『涅槃経』

仏教経典には編纂《へんさん》された経典と創作された経典がある。

編纂された経典とは、釈尊が四十五年間に遊行《ゆぎょう》先で説法したものを、釈尊の死後、弟子たちが編集した経典を言う。編集した内容は種々雑多で、長い説法のものや短いもの、その中間のものなどがあり、長いものばかり、短いものばかり、中間のものばかりとそれぞれにまとめられている。

編纂された経典は釈尊の説法集と言える。これらのなかには釈尊自身が執筆した経典はない。すべて口述したものを弟子たちが記憶していたので、それらを持ち寄って編集したと言われるが、一度にすべてを編集したのではなく、都合三度、または四度編集会議が開かれたと言われる。とくに最後の編集会議では記憶して伝えられた経典を文字化したことで、経典は多くの人々に読まれることとなった。

こうして文字化された経典の出現が仏教を一般化し、教えを周知させることになったと考えられる。同時にこのことによって、それまでの仏教を批判する気運を引き起こすきっかけになったとも言えよう。自らを大乗仏教徒と呼称する仏教徒グループが現れ、仏教改革運動を展開したからである。経典が多くの人々の目に触れたことによって仏教復興運動が起こったと考えられる。

釈尊の死後、仏教は分裂し、種々の部派ごとに仏教を伝播《でんぱ》したが、伝播してゆくうちに衆生《しゆじよう》はだれも釈尊のようにはブッダになれないという説が一般化した。ところが経典を読むと、だれでもブッダになれると説かれている。人々はブッダになれるという運動を起こした。これが西暦紀元前後あたりに始まった大乗仏教である。

大乗仏教が広まると、経典を説明して回る説法師が多数出現した。彼らのなかには出家者も在家者もいたと考えられる。彼らはただ説法するだけでなく、伝承された経典をもとに新しい解釈を加えた教えを文書化して、これを説法した者もいたらしい。紀元後になると、大乗仏教思想を謳歌《おうか》した経典が数えきれないほど出現した。これらは編纂された経典の内容をもとにまったく新しい思想を展開し、その教えをすでに亡くなっている釈尊に語らせた。本当は作者の考えを披瀝《ひれき》しているのに、いかにも釈尊の説であるかのように書かれているのである。

これが創作された経典である。別言すれば偽《にせ》の経典である。これを偽経《ぎきよう》と言う。

このように仏教経典には編纂経典と創作経典があるが、編纂経典はパーリ語という一種の俗語で著されていて、しかも釈尊が身近な人々を相手に説法した内容であることから、現代語訳で読んでもすぐに理解できるほどわかりやすい。一方、創作経典は雅語《がご》であるサンスクリット語で著されていて、内容は高度な哲学書ではないかと思わせるほど難しく、現代語訳を読んでもなかなかわからない。わが国の寺院で読まれ、親しまれてきた経典はこの創作経典ばかりである。

では、『涅槃経』はどうか。『涅槃経』にも編纂経典と創作経典の二つがある。『涅槃経』は正しくは『大般涅槃経』と言う。編纂された『涅槃経』はパーリ語で書かれているので『マハーパリニッバーナ・スッタンタ』と言い、創作された『涅槃経』はサンスクリット語で書かれているので『マハーパリニルヴァーナ・スートラ』と言う。いずれも、「大いなる（マハー＝大）、完全な（パリ・般）死〈解脱〉（ニッバーナ、ニルヴァーナ＝涅槃）に関する説法集（スッタンタ、スートラ＝経）」という意味である。

『涅槃経』はこのように成立の経緯から二種類あり、その内容も異なるために同じ呼び名では混乱を招くことから、通常は、編纂された『涅槃経』を『原始涅槃経』、創作された『涅槃経』を『大乗涅槃経』と呼んでいる。本書もこれに従っている（第一章にある『大乗涅槃経』の表記は、この『原始涅槃経』と区別したものである）。

二　二つの『涅槃経』の内容の違い

『原始涅槃経』は、鷲の峰（霊鷲山《りょうじゅせん》）を出発し、クシナガラまで途中十三の町や村を訪れ、マガダ国、ヴァッジ国、そしてマッラ国の都合三ヵ国を経た、最後の遊行の旅を記述している。これに対し、『大乗涅槃経』はクシナガラの沙羅《さら》樹林での臨終場面を述べ、過去を回想する内容となっている。

鍛冶《かじ》屋の青年チュンダが供養したきのこ料理が原因で、釈尊は死を早めたと『原始涅槃経』は記している。チュンダの過失致死罪が問われるところであろうが、釈尊は彼を責めていない。一方、『大乗涅槃経』ではチュンダが供養したきのこ料理についてはまったく触れず、なにが原因で病に倒れたのかさえ述べていない。そこでは自分の病は仮病《けびょう》であって、衆生にブッダでさえ病に罹ると説明している。

わが国の「涅槃図」では多くの衆生が参集して、釈尊の死を悼《いた》み、泣き叫び、悲しむ情景が描かれているが、『原始涅槃経』の臨終の場にはアーナンダ（阿難）比丘《びく》とアヌルッダ（阿那律）比丘を含め、数人の弟子がそばに付き添っていたようである。まったくひっそりとした、静かな状況であったと記されている。(1)

一方、『大乗涅槃経』では他の仏国土《ぶつこくど》の菩薩、そして天上の神々、餓鬼《がき》・畜生《ちくしょう》など世界の生類《しょうるい》がみな集い、悲しみに暮れる情景が描かれている。

さらに臨終の場面に大きな違いが見られる。『原始涅槃経』には釈尊は火葬に付されて、遺骨が八つに分配され、信者たちに持ち去られたと記されているのに対し、『大乗涅槃経』には火葬に付す準備がされ、最後のお別れの時が近付いている情景が詳細に描かれてはいるが、火葬に付したとも、遺骨を分配したともいっさい書かれていない。つまり釈尊は死んだのではなく、高い三昧《さんまい》の境地に入って生き続けているという設定になっている。

ここからブッダの身体は不滅である、ブッダは常住であるという思想が確定的となり、涅槃像もみな眼を半眼に開いたものが造られることになった。ただしわが国の涅槃像を描いた絵画の多くは目をつぶっているのが一般的で、これは釈尊は死んだという信仰を形にしたのであろうか。

思想に関して大きな違いを見ると、まず、『原始涅槃経』では諸行無常、一切皆苦、諸法無我という、常住不滅の存在は世間にはないと説法しているのに対して、『大乗涅槃経』では常住（常）、安楽（楽）、実在（我）、清浄（浄）という性質をもつ仏性があるという、『原始涅槃経』に反する考えを打ち出している。

釈尊は、創造主ブラフマンの分身であるアートマンがあらゆる生類に内在するという信仰を真っ向から非難した。すべては無常であり、不滅のものはない、私という本体もない、私のものもない、などと説き、いわゆる霊魂説を否定している。霊魂の意味に代表されるアートマン説を否定した釈尊は、『大乗涅槃経』では本当のアートマンの意味は霊魂ではなく、仏性であると説いた。仏性とはアートマンであると説いたことで、それまでの仏教の基本的見解は一挙に消し去られてしまったかのように思われた。

『大乗涅槃経』は、インド哲学や宗教のなかで受け継がれてきたアートマン説はアートマンを正しく理解したものではなく、本当のアートマンは仏性にほかならないと説いた。

従来のアートマンも『大乗涅槃経』の仏性も漢訳して「我」と表されているので紛らわしいが、仏性こそ本当のアートマンであると唱えたことが『大乗涅槃経』の大きな特色である。

本書はこの『大乗涅槃経』の思想を紹介し、説明するために書かれたものである。以下、これに関する予備知識を述べよう。

注

（1）一般に沙羅双樹のもとで涅槃に入ったと言われるが、沙羅双樹、つまり二本の沙羅樹というのは経典によってさまざまで、なにも二本であったわけではない。一般的には多くの人々が集まって最期を看取る情景が想像されているが、『原始涅槃経』が述べるように、ひっそりと、しかも数人しかそばにいなかったとすれば、多数の人たちが集まれるような場所ではなかったと推測される。と言うのは、写真家の丸山勇氏が撮影された沙羅樹林の写真を拝見したところでは、沙羅樹は比較的ほっそりして真っすぐに伸びており、密集しているので、沙羅樹林は多くの人々が坐ったり、立ったりして集えるような場所ではない。釈尊の臨終場面を描いた書籍や涅槃像の絵画は多くあるものの、実際に沙羅樹林を紹介した例は見たことがなかった。丸山勇氏撮影の写真は日本放送出版協会刊行の『ブッダ・最後のことば―涅槃経を語る―上』（二〇〇〇年）の口絵に紹介されているが、これをそのまま当時に当てはめることができるかどうかわからない。しかし植物の生態はそれほど変わるものとは思えないので、釈尊の臨終の場面を知るうえで、この写真は大いに参考となろう。

三　『大乗涅槃経』の原典と漢訳について

『大乗涅槃経』は漢訳本で知られるが、サンスクリット語で書かれた原典があったことがわかっている。この原典の断片が発見されているからである。わずかな断片だけで完本はいまだ発見されていない。原典の成立は、西暦紀元三百年から三百五十年頃であろうといわれる。

現在、多くの仏教徒に読みつがれ、親しまれている漢訳本だけを挙げておこう。

法顕《ほっけん》・仏陀《ぶつだ》跋陀《ばつだ》羅《ら》共訳『仏説大般泥洹経《だいはつないおんきょう》』六巻

曇無《どんむ》讖《せん》訳『大般涅槃経』四十巻

慧《え》厳《ごん》等訳『大般涅槃経』三十六巻

漢訳本はまず、法顕が四一八年に訳した『仏説大般泥洹経』（以下、六巻本と呼ぶ）があり、この後に曇無讖訳『大般涅槃経』（以下、四十巻本と呼ぶ）が現れた。この四十巻本の字句の訂正をして編集したり、訳し直したりして慧厳等訳『大般涅槃経』（以下、三十六巻本と呼ぶ）が出た。

六巻本はインドから法顕が直接招来した経典と言われる。四十巻本は曇無讖がコータン（古代支那の西域地方にあったオアシス都市国家。現在の中国・新疆ウイグル自治区ホータン県）辺りで手に入れた十巻本『涅槃経』に、さらに内容を付加して、これに六巻本の内容をあわせて成立した経典であろうと言われている。

六巻本は四十巻本の第一巻から第十巻までに相当する。また、ここの部分に相当するチベット訳本（北京版三十巻一三三～二七九頁）がある。これら三本の内容はまったく同じではないが、基本的にはほぼ同じと言える。したがって語句の違い、表現の差異を注意深く読み取り、読み進まなければならない。

本書は漢訳四十巻本をもとに仏性思想、その他を論じるが、右に述べたように四十巻本自体がいくつかの段階を経て成立しているので、第十巻までの内容とその後の巻の内容との間に大きな違いがある点も考慮に入れておかなければならない（本書中で四十巻本の現代語訳を付した箇所《かしょ》は、田上太秀訳『ブッダ臨終の説法——完訳大般涅槃経』〈全四巻、大蔵出版〉を参照されたい）。

第三章　仏性とはなにか——その意味するもの

仏教思想の流れの中心には、つねに縁起のダルマ、つまり衆縁和合の教えがある。衆縁和合の教えを説いていないものがあるとすれば、それは仏説ではない。仏説は必ず衆縁和合の教えを説いているのである。

この教えは『原始涅槃経』でも『大乗涅槃経』でも説かれている。しかしこの二つの『涅槃経』には大きな違いがある。第二章で見たように、『原始涅槃経』では世間にあるものに不滅のものはなく、私のものと言えるものがないと説くのに対して、『大乗涅槃経』ではその世間にも不滅のものがあることを知らなければならないと言い、その不滅のものこそ人々が最も求めるべきものであると説くのである。諸行無常で、しかも諸法無我という説法をした釈尊自身が、常住し、実在であり、究極の安楽を与え、一切の苦しみや悩みやしがらみから解放された境地を与えるものがわれわれ自身の身体に内在すると説いたと、この『大乗涅槃経』には書かれている。

礼拝の対象と考えて、はるか遠くの存在として信仰してきたブッダが自己の身体に内在していることに目覚め、そのブッダを顕現するように努力しなければならないと教えたのが『大乗涅槃経』である。

したがってブッダになる可能性の内在を信じて、ひたすらその実現を目指すことが人々の正しい生き方である。このブッダになる可能性とはなにかを中国、朝鮮、チベット、日本それぞれの仏教が追究し、そしてその実現のために出家者は修行したのである。

ここでは、ブッダになる可能性を中心テーマに論述した『大乗涅槃経』のさまざまな説明を、十節にわたって詳述したい。

一　「仏性」とはなにか

「仏性《ぶつしよう》」という用語は大乗仏教以前にはなかった。『原始涅槃経』にもなかった用語で、『大乗涅槃経』を中心とした、いわゆる如来蔵《によらいぞう》思想系統の経典作者たちから生まれた、大乗仏教特有の用語である。そしてこの用語は後の仏教思想に多大な影響をあたえ、一つの思潮を成したのである。

「仏性」という語は、「性」の語意を強調すると、ブッダの素質・本性などの意味に受け取られる。しかし、そうだとすると、生来、ブッダという完成された本性が備わっているのだから、生類はすでにブッダと同じではないかと考えられてしまう。あるいは生類の本性が「仏性」であれば、生類はみな性善であることになろう。はたして「仏性」の原意はそうだったのか。

『大乗涅槃経』には既述のようにサンスクリット語原典が現存しないので、「仏性」の原語を特定できない。したがって、他の経典に見られる「仏性」の原語とチベット語訳などを調べることで、原語を類推するほかない。

現在知られる原語の例は、buddhavaṃsa（これを六十巻本『華厳経』第十巻〈大正蔵経九巻六九三頁上〉では仏性と訳す。Gaṇḍhavyūha, p.73）、gotra（『宝性論』第四巻〈大正蔵経三一巻八二一頁上〉では仏性と訳す。ここでは buddhagotra を意味するのだろうか）、buddhadhātu（『宝性論』第一巻〈大正蔵経三一巻八二一頁下〉では仏性と訳す）などである。このほか、buddha, tathāgatadhātu, garbha などが挙げられている（中村元編著『仏教語大辞典』〈東京書籍、一九七五年〉、「仏性」の項目を参照）。

現在、チベット語訳と漢訳だけでしか原語を判断できないが、チベット語訳から判断して「仏性」はブッダダーツ（buddhadhātu）と表記されていただろうと学者は考えている。しかし一つの概念を論ずるにあたって、経典作者や論書の著者が使うことばが一定してブッダダーツであったとは考えにくい。なぜならば、これらの作者や著者の頭にあるのは一語で表せないほど多様な内容だからであり、このブッダダーツだけを使っていたとは考えられない。ブッダダーツは「ブッダの素質」という意味である。ブッダは目覚めた人、ダーツは土台、基盤という意味、漢字で「性」、あるいは「界」とも訳される。仏教文献ではダーツは原因とか、「よりどころ」とも解釈される。

仏性の原語は「ブッダたちを生み出すもと」の意味でも使われた。

また、仏性の原語にブッダゴートラ（buddhagotra）もあった。ゴートラとは家系、氏族、氏素性《うじすじよう》という意味である。ブッダゴートラとは釈尊の血を引く者、釈尊の家系の者ということである。釈尊の教えに従う人々を釈尊の家系に属する者と考えたのである。

経典のなかに「釈子」「仏子」などの用語があるが、これらは釈尊の血を引く者の意味である。ブッダゴートラは「釈子」「仏子」と同じ意味として理解できる。

こうしたことから、ブッダダーツとブッダゴートラの二つの用語は釈尊の家系の者、家族の者という血筋を強調していることがわかる。このような意味を持つのが

「仏性」の原語であった。

この血筋を共有するという考えが生まれた経緯は、この用語が生まれる前に他の経典――たとえば『如来蔵経』『不増不減経』『勝鬘経《しょうまんぎょう》』など――で使われていた如来蔵（タターガタ・ガルバ）[1]に由来する。

いろいろと誕生の経緯をたどってみると、仏性の原語はもとは「ブッダになる素地」という意味であったと考えられる。崩れないもの、壊れないもの、動かないもの、変わらないものという意味を暗示している。この意味をそのまま受け取ると、仏性の原語はアートマン[2]と同じ意味となる。

仏性はたしかに生まれたときから、なにか実体的なものとしてすでに生類に内在していると解釈できる。しかし『大乗涅槃経』の文章から判断すると、仏性の性を素質、あるいは本性と訳すのではなく、「可能性」と訳すのが妥当である。したがってブッダーツあるいはブッダゴートラは「ブッダになる可能性」と訳すのが、経典の論旨にもっとも忠実であろうと考える。

可能性はあくまでも可能性であり、実現する、成就することが予想される、予定されることである。実現するための方法（方便《ほうべん》）が確立しなければ、その可能性はないに等しい、あるいはないのである。

可能性とはいえ、崩れないもの、壊れないもの、変わらないもの、動かないものに変わりはない。しかしバラモン教が説く、ブラフマンと同置されるアートマンのような実体的なものとは異なる。

そこで経典は、仏性についてその特質を七つ挙げている。

1 常住であること（限りなく、いつもあるもの）
2 清浄であること（純粋であり、一切の生類に差別なくあるもの）
3 実在であること（事実として存在しているもの）
4 善であること（一切の生類のためになるもの）
5 見ることができること（かならず知見できるもの）
6 真実であること（幻でないほんもの）
7 証明できること（かならずだれでも実現できるもの）

（光明遍照高貴徳王菩薩品第十の五〈大正蔵経十二巻五一三頁上〉）

仏性はこの七つの特質をもっている。決してまやかしでなく、どんな生類でも遅かれ早かれ、仏性をわが身に実現することができると説いている。

これら七つの特質のなかで注意すべき点は、仏性は一切の生類の「ため」になるものであり、だれでもこれを実現できるという二つの特質である。仏性が内在しても、ただ内在するだけで生類自身に有益にならなければ、存在する意味も価値もない。また、仏性は求めればかならず現れるという点が大きな特質である。自らの身体に実感できるのである。これは「見ることができる」という特質でもある。五蘊《ごうん》（地・水・火・風の四つの要素から成る肉体に、その肉体の内外にあるすべての感覚作用を合わせたもので、生類の代名詞）から成る身体はその内在するものを実感したときに、見たときに喜びを感じる。実感できないものは生類になんの感動も喜びも与えてくれない。

仏性は知見され、実感されるから、そのとき喜びと感動を味わうことができる。仏性は生類のためになるから、バラモンたちの説くアートマンとは異なると言う。

こうして経典から仏性が身体に内在するらしいことがわかってきたが、では具体的にどこに内在するのかを次に再び経典に訊《たず》ねてみることにしよう。

注

（1）タターガタ・ガルバ（tathāgata-garbha）は如来（tathāgata）の胎児（garbha）、あるいは子宮

(garbha) に宿った如来という意味である。

(2) 古代インドのウパニシャッドという宗教聖典に説かれる創造神ブラフマンの分身がアートマンである。これは不滅の実体として世界のあらゆる物体に内在し、主宰する原理と考えられた。

二　仏性はどこにあるのか

『大乗涅槃経』は「一切衆生《いっさいしゅじょう》悉有仏性《しつうぶっしょう》」と説いたが、その「衆生」の語が問題である。これまではこの語を生類と訳してきたが、生類といってもどの範囲の生き物を意味するのか明確に説明してこなかった。そこでこれと併せて、経文を引用しながら、次に仏性の所在を考えることにしたい。

これはある修行者が国王や大臣と対談したおりのことを迦葉《かしょう》菩薩が聴衆に説明している箇所である（邦訳の後ろに、邦訳に対応する原文を付した）。

ある修行者が、

「ブッダの深奥な教えでは、生類にみな仏性があると説かれている。したがって仏性があるので、一切の生類は無量の煩悩を断てば、かならずブッダの覚りを得ることができる。ただし一闡提《いっせんだい》（仏性を信じない者）は除かれる」

と言った。これを聞いた国王や大臣は、

「尊師、あなた自身はブッダになることができますか。それともなれないのですか。また、あなたに仏性はあるのですか、ないのですか」

と尋ねた。これに対して、修行者は、

「私の身体に仏性があるのは決まっている。ただ、ブッダになれるか、なれないかは今の段階でははっきりと言えない」

と答えた。そこで国王は、

「尊師、そうであれば、もし私が一闡提にならなければ、私がブッダになることは疑いないですね」

と聞いた。すると修行者は、

「たしかに国王の言われるとおりです」

と答えた。

さて、この修行者は「生類にみな仏性がある」と言ったが、それはあまりにも驚くべき内容である。しかしそれは偽りではない。だから彼はパーラージカ罪（教団追放罪）を犯していない。

四十巻本『涅槃経』原文

復有二比丘一説二仏秘蔵甚深経典一。一切衆生皆有二仏性一。以二是性一故断二無量億諸煩悩結一。即得レ成二於阿耨多羅三藐三菩提一。除二一闡提一。

若王大臣作二如レ是言一。比丘汝当三作レ仏不一レ作レ仏耶。有二仏性一不。

比丘答言。我今身中定有二仏性一。成以レ不レ成未レ能レ審レ之。

王言。大徳。如下其不レ作二一闡提一者上。必成無レ疑。

比丘言爾。実如二王言一。

是人雖レ言三定有二仏性一。亦復不レ犯二波羅夷一也。

（如来性品第四の四〈大正蔵経十二巻四〇四頁下〉）

ここの内容をまとめてみると、

1　仏性は身体にあること。
2　仏性があるので、いつかはブッダになれること。
3　仏性があることを公言しても、それは嘘を吐《つ》いたことにはならない。

の三点に要約できる。

（経文ではパーラージカ罪とあるが、これは教団を追放される罪のこと。その罪の一つに嘘を吐くことがある。したがってここでブッダになってもいないのに、私に仏性があると言うなどは嘘を吐いていると取られるが、彼は正しいことを言っていて、嘘を吐いていないという意味である。）

このように仏性は生類の身体にあり、それを公言しても嘘を吐いたことにはならないと言う。

たしかに仏性は五蘊から成る身体に内在すると言うが、それは先に述べたようにアートマンと同じもののように理解されそうである。はたしてアートマンと仏性は同じなのだろうか。

作者は釈尊に次のように語らせている。

師子吼菩薩、種々の外道《げどう》では不滅のアートマンがあると言うが、彼らが説くアートマンは存在しない。生類のアートマンとは五蘊のことである。この五蘊を離れて外に別のアートマンがあるのではない。

譬えて言うと、茎、葉、めしべ、台《うてな》などが集合して蓮華《れんげ》が成るように、これらの部分を離れては花は成り立たない。

また、土壁、草木などが集まってできたのが家である。これらの物を抜きにして家は成り立たないが、生類のアートマンもまた同じである（五蘊を離れて外に別のアートマンがあるのではない）。

また、カディラ樹、パラーシャ樹、そしてウドゥンバラ樹が集まって林を成しているが、生類のアートマンもまた同じである（五蘊を離れて外に別のアートマンがあるのではない）。

また、戦車隊、象軍、騎馬隊、歩兵隊の四軍が一緒になって軍を成すのであり、これらを抜きにして軍はありえないが、生類のアートマンもまた同じである（五蘊を離れて外に別のアートマンがあるのではない）。

また、五色の糸で織られる綾絹《あやぎぬ》は、五色の糸を抜きにして成り立たないが、生類のアートマンもまた同じである（五蘊を離れて外に別のアートマンがあるのではない）。

（師子吼菩薩品第十一の六〈大正蔵経十二巻五五六頁中～下〉）

ここのアートマンの語は漢訳本原文の「我」を訳したものである。はたしてこのアートマンはバラモン教で説くアートマンと同じかどうか。

引用の冒頭にあるように、バラモンたちはブラフマンの分身であるアートマンが生類の身体に内在すると言うが、それは実は本当のアートマンではないと言い切っている。本物のアートマンは五蘊を離れては存在しないものだと言う。バラモンたちは、アートマンは生物・無生物に関係なく、あらゆる存在するものに内在すると言い、もの自体の生滅に関わりなく、無限に存在し続けるものと考えている。

ポイントは「生物・無生物に関係なく」、そして「もの自体の生滅に関わりなく」という点である。このポイントを押さえておかないと『大乗涅槃経』のアートマン説は理解できない。

引用文を読むと、生類のアートマンは五蘊を離れては存在しないと言う。五蘊とはすでに述べたように、地・水・火・風の四つの要素から成る肉体に、その肉体の内外にあるすべての感覚作用を合わせたもので、生類の代名詞である。バラモンたちの「生物・無生物に関係なく」存在するアートマンとは異なり、『大乗涅槃経』のアートマンはこの五蘊に限定したもの、つまり生物に限定したものである。無生物にはアートマンはないと言う。

このことを比喩《ひゆ》を通して説明しているが、これはあえて詳しい説明をしてもらわなくても理解できる。身体は五つの要素（五蘊）から成るもので、これらが五つの要素を離れてアートマン（仏性）はないと言うのである。

逆に言うと、五つの要素が離散してしまうとアートマン（仏性）はない、五蘊があってはじめてアートマン（仏性）が内在すると考えられている。

五蘊とアートマン（仏性）の関係は切り離すことができない。これは、アートマンは「もの自体の生滅に関わりなく」存在するというバラモンたちの考えとはまったく異なる。

ここにバラモンたちのアートマン説と『大乗涅槃経』のアートマン説との違いが見られる。

〈参考〉第五章「一　乳と薬の譬え――仏性はアートマンである」を参照のこと。

三　仏性と霊魂の違い

右に引用した経文では、真のアートマンは仏性であると言い、それは五蘊を離れて存在しないし、五蘊のなかに内在すると説いている。そこでバラモンたちが説くアートマンとの違いを理由を挙げて説明しているわけではないが、右の引用文につづいて次のような文がある。

> 如来が不滅（常住）であることをアートマンと言う。如来の法身《ほっしん》は無辺であり、自在であり、生ずることも滅することもない。
> 如来常住則名為ㇾ我。如来法身無辺無礙。不生不滅。
> （師子吼菩薩品第十一の六〈大正蔵経十二巻五五六頁下〉）

不滅の如来がアートマンであると言う。具体的には教えの集まり（法身）として常に生類の求めに応じて存在し、悠久に、融通自在《ゆうずうじざい》にあり、あるときに生じたり、滅したりするのでもない。この如来、あるいは法身が真のアートマンであると言う。では、バラモンたちのアートマンとはどのように違うかを経典の説明から学ぶことにしよう。経典は、セーニカという名のバラモンと釈尊の対話を通してバラモンたちのアートマン説が間違っていることを指摘しているので、その部分を紹介しよう。

セーニカ外道《げどう》は仏典によく登場するが、彼は霊魂不滅を説いて釈尊と議論したことで知られる。セーニカ外道の霊魂説とは言うまでもなくアートマン説である。仏性もアートマンであると経典では説いているので、ここでは混同しないようにセーニカ外道が説くアートマンは霊魂と表し、釈尊が説くアートマンは仏性と表して区別する。

セーニカ外道の霊魂遍在説を突いた対話

セーニカ外道は釈尊に尋ねた。

「ゴータマよ、霊魂はあると思いますか」

釈尊は沈黙していた。さらにセーニカ外道は、

「ゴータマよ、生類には霊魂があります。それはあらゆるところに遍在し、そしてそれは唯一のものであり、はたらきをなすものである。これについてどう考えますか」

と尋ねた。すると釈尊は初めてことばを発した、

「セーニカ外道よ、あなたは霊魂はあらゆるところに遍在すると言うのですか」

と。

「ゴータマよ、私だけが言うのではなく、すべての学識者が言っていることです」

「セーニカ外道よ、もし霊魂があらゆるところに遍在すれば、地獄や餓鬼や畜生や人間や天上の五つの世界にいる生類は、みな一度に悪行の報いを受けることになりましょう。もし五つの世界の生類が一度に報いを受けるなら、セーニカ外道よ、聞くが、どうして地獄へ堕《お》ちないために悪業を作らないとか、天界に生まれたいために善業を作るとかするのでしょうか」

（憍陳如品第十三の一〈大正蔵経十二巻五九四頁上〉）

セーニカ外道は霊魂は至るところにあると言う。つまり霊魂の遍在を説いた。これは当時の学識者の常識だと言った。これは地獄や餓鬼や畜生や人間や天上の五つの世界にいる生類にも共通して霊魂があるという考え方である。

霊魂というものはただ一つと考えられ、いくつもの種類や大きさや性質があるのではない。したがって生類に内在する霊魂は唯一の、同じものである。

このことを踏まえて、すべての生類に霊魂が遍在するなら、彼らの悪業の報いは別々の報いを受けるのではなく、同時に同じ報いを受けることになるのではないかと釈尊は問いかけたのである。私が善業の報いを受けるとき、私だけでなく、私と同じ霊魂をもつ他のすべての生類も私と同じ報いを同時に受けることになるのではないかという疑問である。

もしそうであれば、あらゆる生類が生前の業の報いとして再生する場所は一つの場所になるのではないか。たとえば悪業の度合いによって、再生するところは地獄や餓鬼や畜生といったそれぞれの場所に振り分けられるとされているが、みなが同じ一つの霊魂をもっているなら、また同じ霊魂が悪業をつくり、同じ報いを受けるのであれば、同じところに再生することになることになる。となれば、善いところに再生したい、あるいは地獄には行きたくないという願いを立てることは無意味となるのではないかと釈尊は問い詰めたのである。

それに対して、セーニカ外道は次のように答えた。

「ゴータマよ、われわれが説く霊魂には二種類あります。一は身体となる霊魂、二は常住の身体としての霊魂です。身体となる霊魂のための悪行をしなければ、決して地獄へ堕ちません。そして善行をすれば天上に生まれるのです」

「セーニカ外道よ、あなたは霊魂はあらゆるところに遍在すると説きましたが、そのような霊魂がもし造られた身体のなかにあれば、無常なものではないですか。もし造られた身体にないと言うなら、どうして遍在すると言えますか」

（憍陳如品第十三の一〈大正蔵経十二巻五九四頁上〉）

セーニカ外道は二種類の霊魂を挙げた。身体となる霊魂とは無常な身体を造る霊魂という意味であろう。もう一つは不滅の身体としての霊魂で、死後、無常の肉体からその肉体に相似した不滅の身体としての霊魂が来世へ飛び出すことを予想した考えである。

これを受けて釈尊は霊魂が無常な身体に内在するなら、霊魂自体も無常なものではないかと問うた。反対に無常な身体にないと言うなら、いったいそれは遍在するといえるだろうかとも言う。セーニカ外道の説明でもう一つ疑問となるのは、無常の身体となる霊魂と常住の身体としての霊魂という二つの霊魂はいずれも同じものかどうか。無常なものにもなり、また、常住のものにもなるという、まったく矛盾する在り方の霊魂が一つの身体に内在するというのが彼らの霊魂遍在説であろうか。

セーニカ外道の霊魂常住説を突いた対話

「ゴータマよ、私が説く霊魂は為《な》すというはたらきがあって、また、常住です。火の不始末で家が火事になったとき、人自身が家から逃げ出したら、『家が火事になって主人が焼け死んだ』とは言いません。この造られた身体は無常ですが、このような無常のときに霊魂はそこから逃げ出します。だから霊魂もその意味で遍在であり、常住なのです」

「セーニカ外道よ、もし逃げ出したので家の主人は無常でないと言うなら、これは正しくない。なぜかと言うと、家は主人ではない。主人は家ではない。別の物が焼け、そして別の物が逃げ出しているだけである。だから主人は逃げ出すことができたのです。ところが霊魂の場合は違います。なぜか。霊魂は物であるからです。物は霊魂であるからです。物でないのも霊魂だからです。霊魂は物でないのです。どうして物が無常であるときに霊魂だけが逃げ出せるのですか。

セーニカ外道よ、あなたの気持ちとしては人々には同一の霊魂があると言いたいのでしょうが、それは世間の道理にも世間を超えた真理に照らしても馴染《なじ》まない見解です。なぜか。世間の道理では父と息子、母と娘という言い方をします。もし霊魂が同一であれば、父はすなわち息子であり、息子はすなわち父であることになります。母はすなわち娘であり、娘はすなわち母であることになります。

このようにもし生類が同一であると言ったら、世間の道理、世間を超えた真理に背く考え方となりましょう」

（憍陳如品第十三の一〈大正蔵経十二巻五九四頁上〜中〉）

火事になったとき、その家の主人が逃げ出し、助かった。霊魂を家の主人に譬《たと》え、肉体を家に譬えている。燃える家は無常の肉体（譬え）、そこから逃げ出して助かった主人は常住の霊魂の譬えである。これは常住の霊魂が無常の肉体を抜け出し、無事に生き続けている姿を説いた話である。セーニカ外道は霊魂はすべてのものに遍在している、また、物そのものを造り、そのものになっていると説いているのに対して、譬えとした家と主人とは別物であると言った点に矛盾があると釈尊は指摘した。

家から主人が逃げ出したことで、家と主人とはまったく異質のものであるとセーニカ外道は考えている。ところがもともと霊魂と物、あるいは霊魂と肉体とは別物とは考えられていない。物も肉体もみな霊魂が造ったものである。創造主の分身である霊魂によって造られたものであるから、物も肉体も霊魂である。

もし物が焼けたり、肉体が滅したりしたら、霊魂も焼け、死ぬのが道理ではないか。そこから抜け出れば、物や肉体の本体である霊魂の存在意義はなんだろうか。

そこで釈尊は、遍在とはなにかについてセーニカ外道に説明した。

釈尊は、遍在には、一、常住して遍在する意味と、二、無常な在り方として遍在する意味、の二つがあると言う。また、物が遍在する意味と、物でないものが遍在する意味、の二つがあるとも言う（憍陳如品第十三の一〈大正蔵経十二巻五九四頁中〉を参照）。

釈尊の四つの遍在説をセーニカ外道の遍在説と比較してみると、その違いがおのずからわかる。

また、親子の関係を持ち出して、父と息子、母と娘がみな同じ霊魂を共有しているなら、父と息子、母と娘という区別自体がおかしいことになるとセーニカ外道の霊魂説を論難した。

セーニカ外道は、続けて霊魂の常住説と遍在説を灯りと光に譬えて反論した。

「ゴータマよ、一室に一万の灯りを点《とも》したとします。それぞれの灯りの焔《ほのお》は異なるが、光に差はありません。これと同じで、灯りの焔が異なるのは善なるもの・悪なるものを意味します。光に差がないのは生類にある霊魂を意味します」

「セーニカ外道よ、あなたは霊魂を灯りの光に譬えていますが、これも正しくありません。なぜかというと、部屋と灯りはまったく別のものです。灯りの光は焔のそばにあって、同時に部屋のなかに遍在しています。あなたがいう霊魂がもしこれと同じであれば、善なるもの・悪なるもののそばに霊魂がなければなりません。同時に霊魂のなかに善なるもの・悪なるものがなければなりません。

もし善なるもの・悪なるものに霊魂がなかったら、あらゆるところに遍在するとは言えません。もしそばにあれば、どうして焔とか光とかを譬えにして説明する必要がありましょうか。

焔と光とはまったく別なものだというなら、どうして焔が増すと明るさが増すのでしょうか。どうして焔が衰えると明るさがなくなるのでしょうか。

このことから善なるもの・悪なるものを灯りや焔に譬えたり、霊魂を光に譬えたりはできないのです。善なるものと悪なるものと霊魂の三つは一つだからです」

（憍陳如品第十三の一〈大正蔵経十二巻五九四頁下〉）

セーニカ外道は灯りの焔はそれぞれ異なるが、光はみな同じであると言い、霊魂はその光に譬えられると説明した。つまり生類はみな異なるが、生類の霊魂はみな同一であるという考えである。

これに対して釈尊は次のように反論した。

光は焔のそばにあり、部屋に遍在しているので、霊魂は善なるもの・悪なるもののそばにもなければならないと同時に、霊魂にも善なるもの・悪なるものがなければならない。もし善なるもの・悪なるもののそばになければ、霊魂は遍在するとは言えなくなる。もしそばにあるなら、どうして焔と光を譬えにして説明する必要があるだろうか。

なぜなら、焰と光とはまったく別のものとは言えないからである。もし別のものだと言うなら、どうして焰が増すと明るさが増すのだろうか。どうして焰が衰えると明るさがなくなるのだろうか。これは焰と光とが別物ではないからではないかと釈尊は言う。

したがって善なるもの・悪なるものを灯りや焰に譬えたり、光を霊魂に譬えたりすることはできない。その理由は、灯りと焰と光は実は一つであるからであり、同じように善なるものと悪なるものと霊魂の三つは一つのものなのである。こういう理由から、釈尊はセーニカ外道が説く霊魂の遍在説と常住説は成り立たないと論じた。

セーニカ外道の霊魂作者説を突く対話

セーニカ外道は、霊魂は作者であると言った。作者とは、つまり行動を起こす主体という意味である。わかりやすく言うと、物を作（造）る者という意味だけでなく、話す、歌う、見る、食べる、味わう、嗅《か》ぐ、考える、想像する、苦しむ、楽しむなどの感覚、表現、運動などを起こす者が霊魂だと言う。

生類の身体において作者とはだれか。簡単に言うと、霊魂の采配によって人は行動していると考えるのがセーニカ外道の霊魂作者説である。

彼の考え方について、釈尊は次のようにその問題点を指摘し、反論した。

セーニカ外道よ、あなたは霊魂は作者であるというが、それも正しくありません。なぜかと言うと、もし霊魂が作者であれば、どうして自ら苦しみを作るのですか。生類は現実に苦しみを受けています。というのは霊魂は作者ではないからです。もし苦しみが霊魂の作ったものでもなく、原因から生じたものでもないなら、あらゆるものが原因から生じないことになります。

セーニカ外道よ、人々の苦楽は実に原因と条件によって生じたのです。苦楽は憂いや喜びを作り出します。憂いがあるときは喜びがなく、喜びがあるときは憂いがありません。また、憂いと喜びとが入り混じっているときもあります。この状態を不変の状態と言う人がいるでしょうか。

あなたは霊魂は不変であると言いました。もしそれが不変であれば、どうして生を受けてからの十段階の『時』を説くのでしょうか。もし不変であれば、カララ(受精したあとの生命体の最初の状態)の時から老衰の時までの変貌はないはずです。

もし霊魂が作者であれば、霊魂にも旺盛な時や衰退の時がなければなりません。もしそうであれば、霊魂が不変であるとは言えません。もし霊魂が作者であれば、ある人にはすぐれた才能があり、ある人には低劣な才能しかないという差ができるのでしょうか。もし霊魂が作者であれば、動作や語りも操っているはずです。語りがもし霊魂に操られていれば、どうして霊魂自身が「霊魂はない」と言うのでしょうか。どうして霊魂自身が「ある」と言ったり、「ない」と言ったりするのでしょうか。

（憍陳如品第十三の一〈大正蔵経十二巻五九五頁上〜中〉）

人は苦楽を日々経験するが、できることなら楽だけを享受したい。ところがそれはできない。霊魂作者説はこれにどのように答えてくれるのだろうか。

霊魂が作者であれば、苦しみも楽しみも作り出すことができる。そうであれば身体に内在する霊魂はどうして楽しみだけを作って、苦しみを作らないようにできないのだろうかと釈尊は問う。

霊魂が造った肉体に霊魂自身が住んで、わざわざ苦しみを味わうことをするだろうか。人は苦しみを避けようとするのに、霊魂自身がその苦しみを作り、そしてそれを享受しているのはおかしいと論駁《ろんばく》する。

生類が誕生し老衰するまでの生涯を十段階に分けてみる説がある。十段階の変貌も霊魂が作ったのであれば、霊魂自身が十段階に変貌していることになる。これは霊魂の不変説と矛盾する。

また、生類の生涯は旺盛な時もあり、老衰の時もあるので、霊魂が作者であれば、霊魂にも旺盛な時、老衰の時がなければならない。霊魂の常住不変説と矛盾することになる。

作者説の盲点を突いたおもしろい指摘は、語りが霊魂に操られているなら、どうして霊魂が自分自身で「霊魂はある」とか、「霊魂はない」とか言って議論するのだろうかという部分である。霊魂自身が「霊魂はない」と発言させているのであれば、これこそ滑稽としか言いようがない。

さらに釈尊は作者説を論難する。

「セーニカ外道よ、霊魂が眼を離れて見るはたらきがあれば、この考えも正しくありません。なぜかというと、眼を離れて見るはたらきがあれば、なぜ眼を使うのですか。このようにほかの感覚器官の場合も同じことが言えます。霊魂が見る場合でも、かならず眼で見ると言うのもおかしいことです」

「ゴータマよ、人が鎌を手にすれば、草を刈る。霊魂が五官によって見たり、聞いたり、触れたりするのもこれと同じことです」

「セーニカ外道よ、人と鎌はまったく別なものです。だから鎌を手にして事を為すことができるのです。一方、五官を離れて霊魂はありません。どうして霊魂が五官によって事を為すことができますか。

セーニカ外道よ、もし鎌を手に持って草を刈り、霊魂も鎌を手に持って草を刈ると言うなら、その霊魂には手があるのですか、それともないのですか。手があるなら、どうして自ら手に鎌を持たないのですか。

もし手がないなら、どうして霊魂は作者だと言うのですか。草を刈るのは鎌です。霊魂でもなく、人でもありません。

もし霊魂や人が草を刈るのなら、どうして鎌を必要とするのですか。

人にはこの場合、二つの行動があります。一つは草を手に持つこと、二つは鎌を手に持つこと。この鎌にはただ刈るというはたらきがあるだけです。

人が物を見る場合もこれと同じです。眼が色を見るのは衆縁和合によるのです。もし衆縁和合によって見れば、だれが霊魂があると言えるでしょうか」

（憍陳如品第十三の一〈大正蔵経十二巻五九五頁中〉）

セーニカ外道は、物を見るのは眼が見ているのではなく、霊魂が見ている、それも五官を通して見ていると言う。

さらに草を刈るのは人が刈っているのではなく、霊魂が刈っているのだと言う。セーニカ外道は霊魂を人に譬え、五官を鎌に譬え、そして感覚器官のはたらきを草を刈ることに譬えて、霊魂の作者説を説明した。

そこで釈尊は反論した。

人と鎌は別物であるから、人は鎌を使うことができる。しかし霊魂と五官は別物ではない。五官は霊魂の造ったものであり、霊魂を本質とするものであるから、霊魂は五官を使うことができるわけがない。

草を刈るのを霊魂が鎌を手にして刈る行動であるとするなら、霊魂自身に手があることになる。

実は草を刈るのは人でもなく、また、霊魂でもないはずである。鎌が刈るのではないか。霊魂が刈るのなら、鎌は必要ではなくなる。

草を刈る行動は手と鎌と、刈るはたらきと刈られる草があって成り立つ。なにか一つが主体となって草を刈る行動が起こるのではない。衆縁和合のうえで行動があり、事象が現れ、現象が見られるのである。

したがって眼が色や形を見るのは霊魂が見るのではなく、衆縁和合によって見るというはたらきが起こるのであると釈尊は説いた。

これを聞いたセーニカ外道はいまだ納得できず、さらに反論する。


「ゴータマよ、もし霊魂がなかったら、だれが記憶するのでしょうか」

「セーニカ外道よ、もし霊魂があるなら、なぜ忘れることがあるのですか。もし記憶するはたらきが霊魂にあれば、どうして悪いことを記憶したり、覚えのないことを記憶したり、記憶したことを忘れたりするのですか」

「ゴータマよ、もし霊魂がなかったら、だれが見て、だれが聞くのですか」

「セーニカ外道よ、人には六つの感覚器官があります。これらの器官にはそれぞれ感覚対象があり、それも六つあります。前の六つと後の六つがそれぞれ接触して六つの感覚作用を起こすのです。

譬えで説明しましょう。木と木が摩擦して火がおこると、それは木の火と言われます。草から生じたら、草の火と言われ、糠《ぬか》から生じたら、糠の火と言われ、牛糞《ぎゅうふん》から生じたら、牛糞の火と言われます。人の感覚作用もこれと同じです。眼によって、色によって、光によって、欲によって起これば、視覚と言います。

この視覚は眼のなかにも、あるいは眼の欲にもありません。これら四つのものが和合して感覚作用を起こすのです。あるいは考えるはたらきも同じです。したがって衆縁和合によって生じれば、『見るのは霊魂であり、あるいは感触するのは霊魂である』とは言えないのです。だから私は『眼の感覚、あるいは考えるはたらきなどの一切の行為はみな幻のようだ』と説いています。

では『幻のような』とはなんでしょうか。それはもとはなかったが、いまは存在し、過去にあったものがいまは存在しないことを言います。

譬えで説明しましょう。ヨーグルトを混ぜて練った小麦粉と、蜂蜜《はちみつ》を混ぜた生姜《しょうが》と、胡椒《こしょう》と、豆の根と、桃と、葡萄《ぶどう》と、石榴《ざくろ》と、たらの芽などを調合したものを歓《かん》喜《ぎ》丸《がん》と言います。これらを調合しなければ歓喜丸はできません。これと同じで、六つの感覚器官とその対象物の六つが接触してはたらくのを、人はサットヴァ（衆生）と言ったり、アートマン（霊魂）と言ったり、プドガラ（身体）と言ったり、プルシャ（最高精神）と言ったりします。

これらの六つを抜きにして、サットヴァもアートマンもプドガラもプルシャもないのです」

「ゴータマよ、もし霊魂がなかったら、私が見るとか、私が聞くとか、私が苦しむとか、私が悲しむとか、私が喜ぶとかできるでしょうか」

「セーニカ外道よ、もし私が見たり、聞いたりするのは霊魂があるからだと言うなら、どうして世間であなたが犯した罪を私は見たことも聞いたこともないと言うのですか。たとえば四種の兵隊を総称して軍隊と言います。これは四種の兵隊を一つにした呼び名ではありません。しかし私の軍隊は勇敢であるとか、私の軍隊は相手の軍隊に勝つとか言うではありませんか。これと同じで、六つの感覚器官とその対象物の六つが和合してはたらくのです。これらは一つのものではないが、私が作るとか、私が受けるとか、私が見るとか、私が聞くとか、私が苦しむとか、私が楽しむとかができるではありませんか」

「ゴータマよ、あなたの言われる和合の意味では、だれかが声を出して私が作り、私が受けると言っているのではないですか」

「セーニカ外道よ、旗竿《はたざお》の先に付いている鈴は風が吹くと音を出します。風が強いと大きな音になります。風が弱いと小さな音になります。しかしそこには音を出す者はいません。

たとえば熱した鉄を水中に入れると、種々の音を出しますが、鉄のなかにその音を出す者がいるのではありません。

凡夫はこのことをよく考えたり分別することができません。だから霊魂があるとか、霊魂のようなものがいるとか、霊魂が作り出しているとか、霊魂が受けているとか言っているのです」

（憍陳如品第十三の一〈大正蔵経十二巻五九五頁下〜五九六頁上〉）

だれが記憶するのか、見たり、聞いたりする者はだれかという問題が論じられている。たしかに記憶する主体があると私たちは考える。見る、聞くなども「なにか」のはたらきだろうと考える。

そのだれかをセーニカ外道は霊魂と言った。これに対して釈尊は、記憶することがはたらきであれば、忘れるはたらきも霊魂になければならない、とすれば、記憶したものが永久には保存されないことになり、霊魂は無常なものとなる、と反論した。

釈尊は生類の感覚作用は、眼、耳、鼻、舌、身、意の六官と、これら六官が色、声（音）、香り、味、感触、ものなどの六つの対象物と接触して起こると説き、見るのも、聞くのも、嗅ぐのも、味わうのも、感触するのも、考えるのも、みな六官と六つの対象物が接触しなければ起こらないと言った。

見るはたらきは眼と色・形と、光と、見たいという欲などが和合して起こるのであり、霊魂が見るはたらきを起こしているのではない。生類とは、これらの感覚器官とそれと接触する対象物が和合して運動しているものという説明である。

要するにセーニカ外道は「私」が見る、「私」が聞くという「私」が霊魂であると反論したのに対して、釈尊はすべてのはたらきは衆縁和合によって起こるのであり、「私」、つまり霊魂がはたらきを主宰《しゅさい》しているのではないと説いたのである。

風で鈴が大小の音を出すのは風が音を出すのでもなく、鈴が出しているのでもない。だれかが、なにかが、ある一つのものが音を出しているのではない。それを鈴が鳴っている、鈴が音を出していると人は錯覚している。

これと同じで、感覚器官と対象物と意欲、その他、種々の条件が和合して、見る、聞く、嗅ぐ、味わう、感触する、考えるなどのはたらきが起こるのである。ここにはどこにも霊魂の存在は認められないと釈尊は言った。

仏性は遍在し常住するが、作者ではない

アートマンを『大乗涅槃経』では仏性と言い、セーニカ外道は霊魂と考えている。

仏　性	霊　魂
五蘊から成る生類だけに遍在し、常住する。	創造主ブラフマンの分身としてのアートマン（霊魂）は、すべての被創造物に遍在し、常住する。
仏性は五蘊そのものではないが、五蘊を抜きにしては存在しない。五蘊は衆縁和合の結果生じたものであるから、五蘊は滅する。したがって五蘊から成る身体は滅しても、仏性は滅しない。	霊魂もブラフマンの被創造物である身体に内在する。この身体は無常である。したがって身体は滅するが、霊魂は滅しない。
仏性には形や大きさなどはなく、身体に内在すると言っても、あるとも言えるし、ないとも言えるし、あるともないとも言える。求めれば実感できるが、求めなければなにも実感できない。	霊魂には形があり、それは求められなくても身体に厳然と存在する。
求める心を起こし、修行すれば仏性は顕現するが、修行しなければないに等しい。	霊魂は求める心を起こすこと、修行することに関係なく、生まれたときから内在する。霊魂は顕現するものではなく、ただ内在するだけである。
仏性は見る、聞く、味わうなどの感覚作用をもたない。主体的に五蘊を支配するものでもなく、五蘊と共同してはたらくものでもない。	霊魂は見る、聞く、嗅ぐ、味わうなどの感覚作用をもち、主体的に身体の行為を支配する。

これまで『大乗涅槃経』の記述した文例を挙げてそれぞれの特質を紹介してきたが、前頁の表により両者を対比してその違いを確認されたい。

四　仏性は心ではない

わが国の仏教宗派では、人は生来「仏心」をもっていると説法する。「仏心」とは「仏の心」、つまり覚りを開いた人の心という意味。生まれたときから仏だというのではなく、仏の心をもっているという意味であるが、取り方によってはすでに生まれたときから仏と同じだと信じてしまう。

仏教は、人は生来仏心をもって生まれていると説いてきたのだろうか。『大乗涅槃経』の仏性思想と併せて考えてみよう。

仏教は人の本性は善と説いたかどうか。仏教最古の経典といわれる『法句経』には、心は気ままな、奔放《ほんぽう》な、捉《とら》えがたい代物《しろもの》であり、形をもたないので、その実体はまったくわからず、胸の奥の洞窟《どうくつ》に潜んでいる、正体のわからないものと記されている。(1)

のちの仏典、とくに大乗仏教の経典のなかには、心の本性は清浄であるという説をかかげるものがあるが、しかし多くの大乗仏教仏典では共通して、心は、幻、流水、稲光《いなびかり》、猿、画家、仇《かたき》、盗賊《とうぞく》のようで、捉えがたく、移ろいやすく、落ち着きがなく、さまざまな煩悩を生み出し、他人も当人も裏切り、身を破滅に追い込む悪魔だと説いている（参考までに、『般若経《はんにやきよう》』『華厳経《けごんきよう》』『楞伽経《りようがきよう》』『涅槃経』『大宝積経《だいほうしやくきよう》』『正法念処経《しようぼうねんじよきよう》』『大乗集菩薩学論』『大智度論』などに頻出する）。

仏典で、人の心を仏心と呼んでいる例はまったくない。『法句経』の冒頭においては、善なる心と悪なる心は人の行いによって作られるのであって、生来の善なる心や悪なる心はないと記されている。生来、人は仏心をもっているなどとはどこにも釈尊は説いていない。

どうして生来もっている心は仏心とは言えないのか。

その答えは簡単である。人は色《しき》・受《じゆ》・想《そう》・行《ぎよう》・識《しき》という五蘊から成る生き物だからである。詳しく言えば肉体（色）と心（受・想・行・識という感覚作用）とから成るのが生類であるから、いずれも作られたもの、無常のもの、壊れて滅びるものである。この五蘊から成る生類をいつも念頭において身体を考えるのが仏教の教えである。だから仏典では生来、仏心があるとは説かれていない。

ここで、仏性と心の関わりを述べた『大乗涅槃経』の文章を紹介しよう。

心は無常である。なぜか。心は対象に引きずられてはたらき、対象に反応してはたらき、対象を分別するからである。（中略）

もし心が不変であれば、眼の識別だけですべてのものを感覚することになる。そのようなことはない。物を見る心のはたらきは多様であり、思考する心のはたらきも多様であるから無常である。

物そのものが変わらないで、同じような姿をして生じては滅しているのを見て、これを人は不変だと錯覚している。（中略）

また、すべての事象が壊れていく場合の原因と条件も変化するのだから、心は無常である。すべての事象が無常だと理解する、いわゆる心も変化する。（中略）

また、心の本性《ほんしょう》は多様であるので、無常である。（中略）如来の心の本性も多様である。

四十巻本原文

心名㆓無常㆒。何以故。性是攀縁相応分別故。（中略）心若常者眼識応㆔独縁㆓一切法㆒。（中略）若眼識異乃至意識異則知㆓無常㆒。以㆓法相似念念生滅㆒。凡夫見已計㆓之為㆑常。（中略）壊㆓諸行㆒因縁異故心名㆓無常㆒。所謂修㆓無常㆒心異。（中略）心性異故名為二無常一。（中略）諸仏心性異。
（聖行品第七の四〈大正蔵経十二巻四四五頁下～四四六頁上〉）

『大乗涅槃経』でも「心は多様で、衆縁和合によって生じ、壊れるものだから無常である」と述べている。傍点の部分に注目したい。既述のように、「如来の身体も五蘊でできている。五蘊でできた身体であれば、如来の心も無常である。したがって如来の心も多様である」。

実はこの文章の前に釈尊は文殊《もんじゅ》菩薩に対して仏性は作られたのでもなく、生じたのでもないので、壊れることも滅することもないと説明している。したがって仏性と心とは本質的に異なることを明らかにしている。

このように、心は仏心でもなく、仏性でもないことを『大乗涅槃経』が述べていることを十分に認識しておくべきである。

注

（1）『法句経』第三十三偈から第四十三偈までのうち、五偈を中村元訳『ブッダの真理のことば・感興のことば』（岩波文庫）から引用した。

三三　心は、動揺し、ざわめき、護り難く、制し難い。英知ある人はこれを直くする。（後略）
三四　水の中の住居から引き出されて陸の上に投げすてられた魚のように、この心は、悪魔の支配から逃れようとしてもがきまわる。
三五　心は、捉え難く、軽々とざわめき、欲するがままにおもむく。その心をおさめることは善いことである。心をおさめたならば、安楽をもたらす。
三六　心は、極めて見難く、極めて微妙であり、欲するがままにおもむく。英知ある人は心を守れかし。心を守ったならば、安楽をもたらす。
三七　心は遠くに行き、独り動き、形体なく、胸の奥の洞窟にひそんでいる。この心を制する人々は、死の束縛からのがれるであろう。

五　修行が仏性を顕現する

仏性と煩悩の関わり

これまで仏性は身体に内在すると経典では説いてきたが、どうも仏性の正体を見ることができない。また、どうすれば仏性を実感できるのだろうか。

経典では、生類は多くの煩悩に覆われているために仏性を見ることができないと繰り返し述べている。

一切衆生のみなに仏性がある。この仏性があるので、数えきれない種々の煩悩の塊を断ち切れば、即座に最高の覚りを成就できる。

（如来性品第四の四〈大正蔵経十二巻四〇四頁下〉）

〈参考〉これに相応する六巻本の経文

一切衆生のみなに仏性がある。身中の数えきれない諸煩悩を残らず取り除けば、仏（性）がすぐさまに顕現する。

（分別邪正品第十〈大正蔵経十二巻八八一頁中〉）

一切衆生のみなに仏性があるが、煩悩に覆われているために知ることも、見ることもできない。だから方便を駆使して煩悩を断ち切らなければならない。

（如来性品第四の四〈大正蔵経十二巻四〇五頁中〉）

一切衆生のみなに仏性がある。これは我（アートマン）というべきである。もともと生類はいつも数えきれない煩悩に覆われているために、この我の真の意味を生類は理解できない。

（如来性品第四の四〈大正蔵経十二巻四〇七頁中〉）

これらの経文に代表される意味は、仏性があって、それを無量の煩悩が覆いつくしているので、生類は仏性を知ることも見ることもできず、その内在を信じなくなっているということである。そこで覆っている煩悩を取り除けば仏性が現れてくる（身中の無量億の諸煩悩を悉《ことごと》く除滅し已《おわ》れば、仏即ち明顕す）と言う。

しかし、これだけを読んで理解すると、実は大きな誤解を生むことになる。仏教では煩悩を客塵煩悩《かくじんぼんのう》という。身体の外から来て清浄な心を汚すはたらきをするので、このように呼んでいる。先にあげた経文を読むとき、突然に襲来した（客塵）煩悩が仏性を覆っている構図を思い浮かべる人が多いだろう。これは大きな間違いで、煩悩は身体の外からやってくるのではなく、五蘊から生じるものである。五蘊自身が生みだす煩悩が身体中に充満するために、仏性の内在を知ることも見ることもできないという意味である。これを見事に説明したのが次の経文である。

一闡提《いっせんだい》にも仏性があると言っても無量の罪垢《ざいく》に纏《まと》われるために、ちょうど蚕《かいこ》が繭《まゆ》に住するように出ることができない。この業縁をもって覚りを求める心を生ずることができない。生死を流転し窮《きわ》まることがない。

（如来性品第四の六〈大正蔵経十二巻四一九頁中〉）

〈参考〉これに相応する六巻本の経文

かの蚕虫《かいこ》が綿綱に自ら纏われて出るところがないのに似て、一闡提の輩《やから》も同じく、如来性を開発《かいほつ》して覚りを求める心を起こすことができない。そして生死の際を極める。

(問菩薩品第十七〈大正蔵経十二巻八九三頁上〉)

経文中の一闡提とは、ここでは『大乗涅槃経』の教えをまったく信じない者と理解してよい。この文意は読んですぐに理解できることであるが、ここでもっとも注意すべき点は、蚕が自ら吐き出した糸で作った繭に閉じ込められて外に出られない状態を、生類が煩悩に覆われた状態の譬えとしたことである。

仏性は五蘊が吐き出す煩悩に覆われている、という構図を描いて、右の諸経文を理解しなければならない。煩悩が吐き出されている間は覆われて仏性は隠れている。だから人はそれを知ることも見ることもできないのである。

仏性と修行の関わり

仏性があっても煩悩を生じている間は仏性を知ることも見ることもできないと釈尊は説いているが、煩悩を生じないためにはどうすればよいのか。それは決まっている。修行するよりほかないのである。

しかしそれでもまだ納得できない部分がある。生類に生来仏性があると言うなら、それはブッダと同じ資格をもっているに等しいのではないか。たしかに煩悩を除くための修行をするとは言っても、それでも納得できない。

この疑問を師子吼菩薩が釈尊に呈した。これに対して釈尊は次のように答えている。

> 師子吼菩薩、君の質問は正しくない。仏性とブッダが同じであると言っても生類は実際にはまだ（ブッダの特徴を）具足していないのだ。（中略）
> 生類にはまだ三十二相八十種好相《はちじっしゅごうそう》（ブッダにだけ具足される特徴）が備わっていない。だから私はかつて説法で次のように述べた。
> 前にはあったが今はない。前にはなかったが今はある（本有今無。本無今有）。三世にわたってものがあるというが、そのような道理はない（三世有㆑法。無㆑有㆓是処㆒）。
> 「ある」の意味に三つある。一は未来に「ある」、二は現在に「ある」、三は過去に「ある」。
> 生類は来世で必ず最高の覚りを得るであろうという意味の「ある」は仏性があることである。生類は現在は種々の煩悩を起こしている。だから現在三十二相八十種

好相の瑞相《ずいそう》をもたない。また、生類で前世で煩悩を断ち切った者がいたら、現世で仏性を見ることができるだろう。

このように考えているので、私は生類には仏性があると言う。

（師子吼菩薩品第十一の一〈大正蔵経十二巻五二四頁中〜下〉）

ここでは、仏性を持つことはすでにブッダと同じ資格を有する、あるいはブッダになる可能性が十分にあることに違いはないが、生類はまだブッダそのものではないと言う。ブッダになるための道を歩んでいないので、ブッダの特徴を具足していない。そこで、「前にはあったが今はない。前にはなかったが今はある」と述べた。

つまりもとは煩悩に覆われていたが、八正道を修めることで一切の煩悩がなくなった。もとは無明《むみょう》に覆われて仏性がないと思っていたが、今は目覚めて仏性を見ることができた、という意味である。

仏性があっても、煩悩を起こして煩悩に塗《まみ》れている間はブッダではない。仏性の存在さえ知る由《よし》もなく、その時点では仏性はないに等しい。ブッダの特徴などまったく見当たらない。ところが、煩悩をまったく起こさなくなると、その時点で仏性、つまりブッダそのものが顕現するのである。そのとき、彼はブッダの特徴を具足した者となる。

仏性は生類の身体に内在している間は可能性のままであるが、生類が八正道を修めて煩悩を起こさなくなると、ブッダという果実となる。仏性はあくまでも修行が介在しなくては顕現しないのである。

仏性があるとはいえ、生類は煩悩を起こす間は凡夫である。しかし修行して煩悩を起こさなくなればブッダとなるという。

修行が熟して顕現する

仏性があっても修行すべきだという点にまだ納得いかない師子吼菩薩は、さらに次のような質問をした。

世尊、すべての業（行い）がそれぞれ決まった報いを受けげず、仏性があってもさらに八正道を修めなければならないと言われるならば、どうして生類は簡単に解脱を得られないのでしょうか。

もし生類に仏性があるなら、必ず最高の覚りを得られるはずです。どうして八正道を修めなければならないのでしょうか。（中略）生類にはみな仏性があるので修行する必要はありません。仏性の力をもって必ず最高の覚りを成就できるからです。（中略）譬えて言いますと、磁石から鉄を離していても磁石の力で鉄が自然と引き寄せられるように、生類には仏性があるので、努めて道を修める必要はないと考えます。（師子吼菩薩品第十一の六〈大正蔵経十二巻五五四頁上〉）

これに対して釈尊は次のように答えた。

師子吼菩薩、君は生類には仏性があり、必ず最高の覚りを得るのは磁石が砂鉄を引き寄せるのと同じであると述べたが、その通りだ。しかし八正道を歩まないでも得られるという道理はない。

譬えて言えば、ある人が荒野を横切っているうちに喉《のど》が渇いた。付近に井戸を見つけたが、その井戸は深くて水があるかどうかわからなかった。そこで種々の方法を考えた末、容器を吊《つ》り下《さ》げて水を汲み上げることができた。これと同じで、仏性があるとはいえ、必ず煩悩をのぞき、八正道を歩まなければ得られない。胡麻《ごま》があれば油を絞り出せるが、方法を知らなければ手に入れることはできない。仏性も同じである。（中略）

師子吼菩薩、人はさまざまな行いをする。善行もする、悪行もする。それらは内のものでもなく、外のものでもない。その行いの本性はあるとも言えず、ないとも言えない。また、それらの行いは過去になかったことが現在行われたものでもなく、もとになくて行われたものでもない。

甲が行《おこな》って甲がその報いを受けるとか、甲が行って乙がその報いを受けるとか、乙が行って乙がその報いを受けるとか、行うこともなければ報いを受けることもないなど、このような関係はない。すべて衆縁和合して時節が来て果報を結ぶのである。

仏性も同じである。それは過去になくて現在になって現れるものではない。内のものでもなく、外のものでもない。あるのでもなく、ないのでもない。こちらにあるのでもなく、あちらにあるのでもない。といって他のところから来るものでもない。因縁がなくて現れるものでもない。見られるものでもない。時節が到来し、因縁が和合したときに見られる。

時節とは八正道を修めて、生類を平等に見られるような心境になったときを言う。そのときになって見られるが、それは自然《じねん》に行われる（爾時得レ見不レ名ニ為作一）。（師子吼菩薩品第十一の六〈大正蔵経十二巻五五五頁中～下〉）

磁石が砂鉄を引き寄せるように仏性が最高の覚りへ導いてくれることは釈尊も認めている。しかし引き寄せてくれても、それを手にするのは本人の力によると言う。本人の力とは八正道を修めることで、それも時節と種々の条件がうまく調和してはじめて最高の覚りへ導かれるのである。

仏性の顕現は「過去になくて現在になって現れるものではない。内のものでもなく、外のものでもない」。「他のところから来るものでもない。因縁がなくて現れるものでもない」。時節が来て、種々の条件が和合したときに自然に現れると言う。それこそ五蘊で感じ、覚えるのである。たとえば疼《うず》きのように、痛みのように、震えのように、かゆみのように、身体に遍《あまね》く感じ取られるのである。

六　万象は仏性の現れ

周知のように釈尊は菩提樹の下で「ものは縁《よ》りて生滅《しょうめつ》している」というダルマを発見した。このダルマに目覚めたので、ブッダ、すなわち「覚者《かくしゃ》」と呼ばれたのである。このダルマをサールナートの鹿野苑《ろくやおん》でかつての修行仲間であった五人に次のようなことばで説いた。

これがあれば、かれがある。これが生起すると、かれが生起する。
これがなければ、かれがない。これが滅すると、かれが滅する。
（『自説経』「菩提品」）

これを聞いた五人は、「およそ生じる性質のものはすべて滅び去る性質のものである、という道理を熟知した」と述べた。彼らは、ものが変化しながら相続する世間の様相を理論的に理解したのである。つまり神が創ったのでなく、種々の原因と条件が相乗し、複合し、融合して作用し、生滅しているダルマを熟知した。

このダルマをわれわれの生きざまに引き寄せて、生類が老い、そして死ぬという不可避の現実はなにを原因として、なにを条件として結果したのかを釈尊は究明した。

老いと死は生まれを因縁とし、さらにこれは渇欲《かつよく》（渇愛）によって結果し、さらにあらゆる苦しみの根源は無明《むみよう》、すなわち衆縁和合のダルマについて無知であることにあると突き止めた。

釈尊は、四苦八苦の事象が生起する根本原因は無明にあると観察した因縁関係式（これを仏教では十二縁起〈十二の因縁公式〉と言う）を、右に掲げた「これがあるとき……」の詩偈で表現した。これは空間的因縁関係（これがあるときに、かれがある。これがないときに、かれがない）と時間的因縁関係（これが生起するから、かれが生起する。これが滅するから、かれが滅する）とに分けて解釈することもできる。これは存在、つまり時間的な「有る」（存）と空間的な「有る」（在）を表した関係式である。衆縁和合の理法の関係式である。

既述のように衆縁和合の理法を仏教では十二縁起の関係式で表すが、これは仏教の存在説であり、人生観でもあり、世界観でもある。これを『大乗涅槃経』では仏性説と関係づけて次のように論じた。

十二縁起をもって世間を観察する知慧こそ、最高の覚りの種子である。その意味で十二縁起の理法を仏性という。

四十巻本漢訳

是観二十二因縁一智慧。即是阿耨多羅三藐三菩提種子。以二是義一故。十二因縁名為二仏性一。

（師子吼菩薩品第十一の一〈大正蔵経十二巻五二四頁上〉）

この世間を十二縁起の関係式にしたがって観察する眼をもつことができたら、その人は最高の覚りを得る第一歩を踏み出したことになる。なぜなら仏性とは十二縁起の関係式であるからだと説く。

さらに経典は言う。生類は十二縁起の世間で生活しているにもかかわらず、そのダルマをよく知らない。したがってなにが種々の苦しみの根本原因で、なにを断てば苦しみをなくすことができるかを知らない。

このダルマを十分に理解しないので生死流転を繰り返している。ちょうど蚕が自ら吐き出した糸で繭を作り、そのなかに閉じこめられて死ぬように、生類は煩悩をつねに起こし、悪行を重ね、流転している。それは撞《つ》いた毬《まり》が上下する動きと同じだと言う。

このように仏性と十二縁起との関係を述べて、次のようにまとめる。

十二縁起を見る人は法を見る。法を見る人はブッダを見る。このブッダとは仏性である。なぜならブッダたちはこれを本性としているからである。

四十巻本漢訳

若有人見二十二縁起一者是見レ法。見レ法者即是見レ仏。仏者即是仏性。何以故。一切諸仏以レ此為レ性。（師子吼菩薩品第十一の一〈大正蔵経十二巻五二四頁上～中〉）

この表現はすでに初期仏教経典のなかに、縁起を見る者は法を見、法を見る者は私（ブッダ）を見るという趣旨の文言があって、これをもとに『大乗涅槃経』の作者は十二縁起と仏性との関わりを述べたのである。

十二縁起は世間そのものであり、ダルマである。そのダルマを覚った人がブッダである。ブッダは仏性に導かれてダルマを覚ったのである。仏性を顕現することは十二縁起のダルマを覚ることであり、それを熟知し、ダルマに則《のっと》って生きることである。要するに十二縁起をよく観察して生きる人は仏性を顕現した人という意味で、万象のはたらきは仏性の現れと理解した人であり、彼こそがブッダである。

この考えをさらに深めてゆくと、次のような考え方に達することになる。

七　衆生はそのまま仏性の現れ

仏性は五蘊に内在し、あらゆる生類が共有する[1]と経典では説いてきた。また、五蘊に内在するが、五蘊そのものでもなく、心でもなく、もちろん肉体でもない、と説いた。

仏性は身体に内在すると言いながら、その正体がまだよくわからない。あると言いながら、形がない。修行しなければその正体が見られないと説く。あるとかないとか言うが、いったい身体においてどんな状態で存在するのか不明である。

そこで釈尊は譬えを使って説明した。

迦葉《かしょう》菩薩、仏性はあるでもなく、ないでもない。その理由は仏性はあると言っても虚空のようなものではないからだ。

世間で言う虚空は方便を使っても見られない。ところが仏性は方便（たとえば八正道を修めるなど）を使うと見られる。だからあると言う。したがって虚空のようではない。

仏性はないと言っても兎《うさぎ》の角とは違う。なぜなら亀《かめ》の甲羅《こうら》の毛や兎の角は方便を使っても生《は》えないからだ。ところが仏性は生じる。ないと言っても兎の角とは違う。だから仏性はあるとも言えないし、ないとも言えない。（中略）

ある人が「この種子に果実があるか」と尋ねたら、相手が「あるとも言えるし、ないとも言える」と答えるだろう。なぜなら種子がなければ果実を実らせないからだ。だから「ある」と言う。また、その種子はまだ芽を出していないので、その時点では「ない」と言う。だからあるとも言えるし、ないとも言える。なぜなら、時節が異なるだけであって、その本質は一つであるからだ。

（迦葉菩薩品第十二の三〈大正蔵経十二巻五七二頁中〉）

ここに引用した経文は読んですぐに理解できる。とくに注意しておくべき点は、最後の「時節が異なるだけであって、その本質は一つである。〈生類の仏性もまたこれと同じである〉」（時節有ㇾ異其体是一。〈衆生仏性亦復如ㇾ是。〉）という文言である。八正道を修めて時節因縁が和合すれば、仏性は自然と現れるということはすでに述べた。なぜなら仏性は常住であるから、そして求めると必ず現れるからである。ここの時節因縁とは八正道の実践である。

したがって修行すれば仏性を顕現できるのだから、凡夫もブッダも修行しているかどうかの違いにすぎない。どんな凡夫でも八正道を実践すれば、その姿がブッダの姿となるという意味でもある。また、時節が異なるとは、修行をしているかいないかの違いにすぎず、迷っているときを衆生と言い、覚ったときをブッダと言うのである。

右に引用した後半部分のすぐ後で、経典作者は仏性内在説から仏性現象説を展開している。

生類のなかに別に仏性があると言うなら、その考えは正しくない。生類がそのまま仏性であり、仏性がそのまま生類である。ただ時節が異なるだけで、清浄であるか不浄であるかの違いにすぎない。

四十巻本漢訳

若言㆔衆生中別有㆓仏性㆒者。是義不㆑然。何以故。衆生即仏性。仏性即衆生。直以㆓時異㆒有㆓浄不浄㆒。（迦葉菩薩品第十二の三〈大正蔵経十二巻五七二頁中〜下〉）[2]

これまで一切衆生悉有仏性《いっさいしゅじょうしつうぶっしょう》と説いてきたことを反省し、正しくは一切衆生即仏性と理解しなければならないと説いたのである。ここに大きな思想的転換が見られる。一切衆生とは六道《りくどう》にいる生類を言い、性質も形も、動きもはたらきも違う。その生類の姿や行いはみな仏性の姿であり、行いであるという意味である。となれば、たとえばハイエナも仏性と同じと考えられる。仏性はブッダや法身《ほっしん》と同じであるから、ハイエナはブッダであり、法身であるという論理も成り立つことになる。

これは一切衆生即仏性の考えからすると間違いではない。ただ、『大乗涅槃経』は「ただ時節が異なるだけで、浄か不浄かの違いがあるにすぎない」と説いている点に注意しなければならない。つまり最高の覚りを求めて修行しているかどうか、修行している途中であるか、または修行が完成した状態であるかどうかという、生類のそのときの姿勢や実践の差異があることを考えに入れなければならない。いつの日かハイエナがブッダになり、法身になるということは考えられるとしても、最高の覚りへの修行をしていない時点では同一視できないのである。

とにかく『大乗涅槃経』が一切衆生悉有仏性から一切衆生即仏性へと仏性の存在説を転換したことは、論述の展開の結果であるとしても、この経典の成立事情を考え併せると、経典作者が二人いて、作者おのおのの思考の違いがあったのではないかと思われる。

注

(1)『涅槃経』は次のような比喩を使って、五道（地獄・餓鬼・畜生・人・天の五つの世界）の衆生に仏性は共有されると説く。たとえば毒を乳に混入したとしよう。これから熟成した醍醐《だいご》にもその毒は含まれる。ヨーグルト、バター、チーズ、醍醐と名称は異なるが、乳から毒性はなくならない。五つの味にその毒性はある。もし醍醐を飲むと命を失う。しかし醍醐そのものは毒ではない。生類の仏性も同じである。

五道にあって違った身体に宿っているが、仏性は常に一つで不変である。

四十巻本漢訳

譬如下有人置二毒乳中一。乃至醍醐一皆悉有上レ毒。乳不レ名レ酪、酪不レ名レ乳。乃至醍醐亦復如レ是。名字雖レ変毒性不レ失。遍五味中皆悉如レ是。若服二醍醐一亦能殺レ人。実不レ置二毒於醍醐中一。衆生仏性亦復如レ是。雖下処二五道一受中別異身上。而是仏性常一無変。（師子吼菩薩品第十一の三〈大正蔵経十二巻五三九頁中〉）

(2)　鎌倉時代に活躍した道元禅師は『正法眼蔵』「仏性」の巻で、『涅槃経』のこの部分をもとにしたのであろうと考えられる論説を述べている。以下の引用は水野弥穂子校注『正法眼蔵』（岩波文庫）から引用したもの（本書における『正法眼蔵』の引用はすべて同書による）。

「世尊道の『一切衆生、悉有仏性』は、その宗旨いかん。（中略）悉有の言は衆生なり。群有也。すなはち悉有は仏性なり。（中略）衆生の内外すなはち仏性の悉有なり」

右の現代語訳。（釈尊は言われた、一切衆生悉有仏性と。この文言の意味はなにか。（中略）「すべてある」とは、仏性のことである。（中略）生類の内外を問わず、それらはみな仏性のすべてである）。

実は中国仏教では涅槃宗という宗派が成立するほどに『涅槃経』研究が行われたにもかかわらず、衆生即仏性の現象説は重視されていなかったようである。日本でも道元禅師に至るまで問題視されず、ただ読まれてきたようである。

八　山川草木に仏性はない

一切衆生悉有仏性説から衆生即仏性説へと転換したが、ここに大きな問題が残っている。それは「衆生《しゆじよう》」の語義で、サンスクリット語ではサットヴァといい、存在するものの意味である。これが有情《うじよう》、含識《がんしき》、群生《ぐんしよう》、衆生などと漢訳されている。とりわけ有情と含識は感情を持つ生き物という意味で、群生と衆生は群れを成す多くの生き物という意味である。

感情を有する生き物と理解するか、群れを成して集まった生き物と理解するかで「衆生」の用法は大きく異なる。右の二つの説を考えてみよう。

感情を有する生き物と解釈すれば一切衆生悉有仏性は、喜怒哀楽の心のはたらきがある生き物にはみな仏性があるという意味となり、衆生即仏性は、喜怒哀楽の心をもつ生き物はそのまま仏性の姿であるという意味になる。

一方、群れを成して集まった生き物と解釈すれば一切衆生悉有仏性は、生き物と理解される草木も含めて仏性があるという意味となり、衆生即仏性は、草木もそのまま仏性の現れという意味となる。

衆生の原意「存在するもの」で解釈すると、衆生には山川や日月や星、瓦礫《がれき》などの無生物も含まれる。となれば、一切衆生悉有仏性は森羅万象《しんらばんしよう》のあらゆるものに仏性があると理解され得る。また衆生即仏性はあらゆる事象はみなそのまま仏性の現れであることになる。

『大乗涅槃経』の作者は、「衆生」を右のいずれの意味で捉えていたのだろうか。この経典では、これまで「一切衆生悉有仏性」とは、五蘊から成る身体を有するものに仏性があることであると述べてきたが、これはいわゆる五道（地獄・餓鬼・畜生・人・天の五つの世界）に生存する生類を「衆生」と考えた説である。この意味の衆生であれば、山川・草木は含まれない。

次の経文を読んでみよう。

この説明（仏性に関する釈尊の説法を指している）を聞いたバラモンたちは仏性がすなわちアートマン（我）であると知って、最高の覚りを求める心を起こし、すぐに出家し、修行を始めた。この成り行きを見ていた鳥や水陸に所属するものも、最高の覚りを求める心を起こし、いまの生き方を捨てて仏道に従った生活を始めた。

四十巻本漢訳

時諸梵志聞レ説二仏性即是我一故。即発二阿耨多羅三藐三菩提心一。尋時出家修二菩提道一。一切飛鳥水陸之属亦発二無上菩提之心一。既発心已尋得二捨身一。

（師子吼菩薩品第十一の一〈大正蔵経十二巻五二五頁上〉）

空を飛ぶ鳥や水陸に所属するものが最高の覚りを求める心を起こしたという部分に注目したい。鳥以外の動物の種類が記されていないが、水陸に属するものとは哺乳《ほにゅう》動物をはじめ、昆虫から魚類、貝類などの生き物が含まれるようである。「水陸に属する」を拡大解釈すれば草木をも含んでいるとも考えられるが、これは論外である。というのは、文中にあるように「最高の覚りを求める心を起こした」という部分が意味をもっているからである。これは菩提心を起こしたということである。感情を有する生き物でなければこの心を起こすことは不可能である。草木に菩提心を起こす可能性はない。また、山川などにも菩提心を起こす可能性があるとは考えられないのである。

次の経文は重要である。

仏性でないものはいわゆる土壁、瓦礫、石ころなどの無情のものをいう。これら無情の物を離れたものが仏性である。

四十巻本漢訳

非㆓仏性㆒者。所謂一切牆壁瓦石無情之物。離㆓如是等無情之物㆒。是名㆓仏性㆒。

（迦葉菩薩品第十二の五〈大正蔵経十二巻五八一頁上〉）

ここに山川・草木の語はないが、土壁や瓦礫や石ころなどは仏性ではないと明言している。『大乗涅槃経』の作者は感情や感覚をもたないものには仏性はない、あるいは仏性ではないと考えたようである。この考えにもとづいて「衆生即仏性」を解釈すると、確実に山川・日・月・星などを除くものが仏性の現れであると説いたことになる。

経典では草木に仏性があるかどうか、仏性の現れであるかどうかはっきりと説明をしていない点がいまだ納得がいかないが、次の経文が手がかりを与えてくれそうである。

「迦葉菩薩、ある人が大地を掘り、草を刈り、木を伐り、死体を切断し、それに罵《ば》詈《り》雑言《ぞうごん》を浴びせ、むち打つなどの悪業をしたら、地獄に堕《お》ちるだろうか」

「世尊、私がブッダの教えを聞いたところから判断しますと、地獄に堕ちるでしょう。というのは、ブッダは昔、弟子たちに『雑木に対しても悪心を抱いてはならない。なぜかというと、悪心を抱けば地獄に堕ちるから』（汝諸比丘於二余樵木一莫レ生二悪心一。何以故。一切衆生因二悪心一故堕二于地獄一）と説法されたからです」
（梵行品第八の二〈大正蔵経十二巻四六〇頁上〉）

ここに草木の語はないが、原文中の「樵木《しょうぼく》」は草木を意味した語と考えてよい。つまり、かつて草木に悪心を抱くと地獄に堕ちると説かれたことがあったと迦葉菩薩は述べているのである。

たしかに釈尊は植物にも命があるので、むやみに切断してはならないと説いていた。その命とは「一根の命」(ekindriya-jīva)と表現されている。動物には視覚・聴覚・味覚・嗅覚・触覚などがあるが、植物にはこれらのなかで、おそらく触覚だけがあると考えていたようである[1]。

そこで仏教教団では草木を伐採すると三悪道《さんまくどう》に堕ちる罪を犯したことになると考えて、その罪をパーチッティヤ罪という。これをもとに、雨期には植物の命を踏みつぶすことのないように外出を禁じたといわれる。

釈尊の説法のなかには、植物に対する慈しみの心をもつように説いた例がある。

どんな命あるものであれ、動くもの（動物）であれ、動かないもの（植物）であれ、長いもの、大きなもの、中くらいのもの、短いもの、極小のものであれ、見えるもの、見えないもの、遠くにあるもの、近くにあるものであれ、生まれているものであれ、生まれてくるものであれ、すべての生き物（satta）が幸いであるように。

（Sn.146,147. 中村元訳『ブッダのことば』岩波文庫、三七頁を参照）

おそらくこの釈尊のことばを受けて、『大乗涅槃経』の作者は植物に悪心を抱いてはならないと説いたのであろう。ただ、植物に仏性があるかどうか、という点についてはなにも説明していないので、これに関してはあえて論ずる必要はない。

参考にしておくべきことは、大乗仏教では植物に心があるかどうかを論じていた人がいたことである。彼はもし植物に心があるとすれば、これを食すれば殺人と同じ重い罪を犯すことになるので、植物には心がないと結論づけなければならないと主張した。仏性の問題とはまったく関わりのない立場で、草木に精神性や心の存在を認めなかった人が六世紀頃の仏教界にもいたことは注目しなければならない[2]。

論述が少し横道にそれてしまったが、『大乗涅槃経』では山川草木に仏性はないと説いていたにもかかわらず、中国仏教や日本仏教では山川草木悉有仏性《さんせんそうもくしつうぶつしょう》が説かれ、さらには山川草木悉皆成仏《さんせんそうもくしっかいじょうぶつ》が説かれた。

中国では菩提達磨《ぼだいだるま》（六世紀初頭？）が著したという『達摩和尚絶観論』や、湛然《たんねん》（七一一～七八二）が著した『金剛錍《こんごうべい》』に草木（国土）成仏説が述べられている。これを受けて、わが国でも草木国土悉皆成仏が説かれた。言うまでもなく、草木国土に仏性ありという信仰にもとづいている。

わが国ではすでに最澄（七六七～八二二）が『註金剛錍論』で無情有仏性《むじょううぶっしょう》説を唱え、『払惑袖中策《ふつわくしゅうちゅうさく》』では「木石仏性」の一章を設けて、木石などの非情のものにも仏性があると力説した。彼は積極的に山川や草木の成仏を説いたわけではないが、非情のものも成仏が可能であると考えていた。

空海（七七四～八三五）は『吽字義《うんじぎ》』で「草木也成。何況有情。」（草木也《ま》た成ず。何況《いわん》や有情をや）と言い、草木の成仏を明言した。これがわが国の草木成仏説の最初であると言われる(3)。

空海の草木成仏説を受けて、のちに真言宗の学僧たちを中心に草木成仏が論じられるようになった。彼らは大乗仏教仏典（『大宝積経』や『中陰経』）を典拠にして草木成仏説を説いたが、実はそれらの仏典には草木成仏説はどこにも見当たらない。

鎌倉時代の親鸞聖人《しんらんしょうにん》（一一七三～一二六二）は『唯信鈔文意《もんい》』（奥書、元年八月十九日のもの）に、仏性はすなはち如来なり。この如来微塵《みじん》世界にみちみちてまします。すなはち、一切群生海《ぐんしょうかい》のこころにみちたまへるなり。草木国土ことごとくみな成仏すととけり。

と記している。道元禅師《ぜんじ》（一二〇〇～五三）は『正法眼蔵《しょうぼうげんぞう》』「仏性」の巻に、

草木国土これ心《しん》なり、心なるがゆゑに衆生なり、衆生なるがゆゑに有《う》仏性なり。日月星辰《にちがつしょうしん》これ心なり、心なるがゆゑに衆生なり、衆生なるがゆゑに有《う》仏性なり。

また、

山河《せんが》をみるは仏性をみるなり、仏性をみるは驢腮馬觜《ろさいめし》（ろばや馬の口）をみるなり。

と述べる。日蓮上人《にちれんしょうにん》（一二二二～八二）は『草木成仏口決《くけつ》』に、

妙法は有情《うじよう》の成仏なり。蓮華とは非情の成仏なり。有情は生《しよう》の成仏、非情は死の成仏、生死の成仏といふは有情非情の成仏のことなり。このゆゑに我等衆生死するとき、塔婆を立て開眼供養するは死の成仏にして、草木成仏なり。

と説いている。のちの仏教に多大な影響を与えた鎌倉時代の祖師たちも草木国土に仏性があると唱えたが、成仏に関してだけは道元禅師は譲れなかった。信仰のうえでは成仏の可能性があると考えていたであろうが、成仏には修行が必要である。坐禅《ざぜん》の実践を強調した道元禅師は菩提心を絶えず起こし続けることに意義があり、坐禅そのものに覚りの境地が現れると説いたので、草木国土が成仏する可能性はないに等しいと考えたのであろう。

有情と無情のいずれにも仏性があるという信仰は中国や日本の人々に浸透したが、『大乗涅槃経』では山川草木には仏性はない、したがって成仏はありえないと説いていた。仏性をわが身に顕現するには、一、善行を積まなければならない、二、菩提心を起こさなければならない、三、八正道を実践しなければならない。しかし、山川草木はこの三つを実行できないというのがその論拠であった。

信仰のうえでは山川草木悉有仏性は考えられるとしても、山川草木悉皆成仏は実践との関わりがある以上、少なくとも右の三つを実行する可能性があるかどうかを踏まえなければ論じる意味がない。

注

（1） Vinaya Pitaka, PTS. vol. IV, p.34. によると比丘たちも草木に命があると考えていたようである。ただ一根の命が触覚であると考えていたかどうかは定かでない。ただ、ジャイナ教では触覚、味覚、嗅覚、視覚、聴覚の五つのなかで触覚の一根だけをもつものと五つの感覚器官をもつもの、さらには五つの感覚器官をもつもののなかでも心をもつものともたないものがあると分類するが、これを仏教徒は参考にしていたと考えられる。そのなかの一根の命におそらくは植物も含まれていたのであろう。仏典中にはこの一根の命の植物に触覚があると明言した説明は見当たらないようである。

（2） 川崎信定「バヴィヤの自然観」（『日本仏教学会年報――仏教と自然――』第六十八号所収）を参照されたい。

（3） 坂本幸男「草木成仏の日本的展開」（『中野教授古稀記念論文集』所収、一九六〇年九月）

九　無信心の者（一闡提）にも仏性はある

一闡提とは

『大乗涅槃経』では仏性の教えを誹謗《ひぼう》し、信じない人物を一闡提《いっせんだい》と呼び、悪人のなかでもっとも許せない者と位置付けている。

一闡提はサンスクリット語イッチャンティカの音訳である。「求め続ける者」という意味で、善いものも悪いものも手当たり次第に「欲しがる者」を指すことばであった。仏教徒の間では物欲が強い人、つまり多欲で足ることを知らない人が一闡提と呼ばれた。端的に言えば一闡提は強欲の人と理解してよい。

『大乗涅槃経』では一闡提の通俗的な語源解釈として七種の解釈を挙げているが、[1]その最初に「信心をもたない者を一闡提と言う」と述べている。この記述は経典の中ほどの部分にあるので、それまでの一闡提に関する論述をまとめ、その定義を示したと理解できる。したがって、一闡提とは「仏性の教えを信じない者」というのがこの経典における一闡提の基本的意味と言えよう。

一闡提は経典のなかのどの場面で、どのような人物として描かれているかを記述の順序に従って紹介してみよう。

経典で最初に一闡提の語が見られるのは、沙羅《さら》樹林に多くの生類が集まった場面を記述した部分である。この場面には大迦葉《だいかしよう》尊者と阿難《あなん》尊者、そして阿闍世《あじやせ》王の三人がいない。彼ら三人以外の生類はみな集合している。この説明部分の最後に「一闡提は除かれる」と記されているが、[2]ここでは一闡提がどんな人物か説明していない。

次は寿命品第一《じゅみょうぼん》の三で、「正法《しょうぼう》を誹謗《ひぼう》する者、殺生乃至《ないし》邪見、および戒律を犯した者」（大正蔵経十二巻三八〇頁下）などと一緒に一闡提が挙げられている。ここでは正法を誹謗する人、殺生した人、邪見を説いた人、破戒した人などは一闡提ではなく、彼らと同等の者として一闡提を挙げている。これでもまだ一闡提の正体はなにかよくわからない。

次に如来性品《にょらいしょうぼん》第四の一では、破戒の人、正法を伝える経典を謗《そし》る人などと並べて一闡提を挙げている。そして彼らは善根をなくし、罪を隠し、悪行をひた隠して罪の意識がない者であると述べている。ここでも一闡提は他の悪人とまとめて説明されているが、少しばかりどんな悪人なのかわかりかけてきた。

次は同じ如来性品第四の一に見られる記述である。

また、私（＝釈尊）は娑婆《しゃば》世界で戒律を守らず、殺しや盗みや妄語《もうご》や邪淫などの悪行をする姿を示したこともあった。人々はこれを見てほんとうに悪行をしていると考えたようだ。しかし私は数えきれない昔から、堅く戒律を守り、これらの四つの悪行をしたことはまったくなかった。

また、娑婆世界で一闡提の姿にもなった。そのとき、人々は私を一闡提と見た。

しかし実は一闡提ではなかった。もし私が一闡提のままであったら、決して最高の覚りを得ることはなかったはずである。（大正蔵経十二巻三八九頁中）

〈参考〉「このように戒律を守り、破ることがあってはならない。それは五逆罪を犯すこと、正法を誹謗すること、一闡提になることである」（如来性品第四の六〈大正蔵経十二巻四一六頁下〉）

これによって殺し、盗み、妄語、そして邪淫などの悪行を犯す者が一闡提ではないことが判明した。

この後、次のように一闡提という人物をはっきりと説明している。

迦葉菩薩、娑婆世界の人々には二種類ある。信心がある人と、信心がない人である。信心がある人（の病）は治療できる。この人は必ず最高の解脱《げだつ》という無傷の状態を得ることができる。（中略）信心のない人とは一闡提である。一闡提（の病）は治療できない。一闡提以外の人たち（の病）は治療できるのだが（後略）。（如来性品第四の二〈大正蔵経十二巻三九一頁下〉）

このように信心のない者が一闡提であると明言した。「信心がない」とはなにを信じないことだろうか。それに関してこの後に次のように述べている。

もし一闡提が少しでも仏法を信じる心を起こしたら、そのとき、一闡提ではなくなる。（中略）一闡提という汚名を払うことができたら、そのとき、この人を一闡提と呼ぶことはできない。

（如来性品第四の二〈大正蔵経十二巻三九三頁中〉）

仏法を信じない人を一闡提と言い、その彼も仏法を信じてブッダになる道を歩むなら、一闡提と呼ばれることはないと述べている。つまり一闡提は生来《せいらい》の悪人ではない。仏法を信じていない間、それも仏性の教えを信じない間だけの仮称である。

先に引用した文には「正法を信じない人」とは別に一闡提が挙げられていたが、右の説明では正法が仏法であるとすれば、別に並べる必要はないと考えられるが、どうも経典作者は仏性を信じない者をとくに一闡提と呼んでいるのではないだろうか。

ただ経典はいままで紹介した一闡提に関する経文の不統一な記述をまとめて、この後になると正法を謗《そし》る者や五逆罪を犯した者など悪人も含めて一闡提として表すようになった。[3] また、極めて低能な人やバラモンも一闡提と呼んでいる。[4] 経典自体が最初から一本にまとまっていたのでなく、既述のように合本され、しかも作者がおそらく違っていたと考えられるので、一闡提に限ってみても前半と後半の説明に違いが見られ、統一されていないことがわかる。いずれにしても、一闡提は悪人というより極悪人と呼ぶべき者であると考えられていた。

この仏性を信じない一闡提に仏性はあるだろうか。

「一闡提は除かれる」の意味

これまで一闡提は極悪人と決めつけられ、しかも仏法（仏性）を信じない一闡提に仏性があるわけはないと考えられてきた。こういう考えをもつ人は次の経文を例証として挙げてきた。これはある比丘《びく》が『大乗涅槃経』に説かれる内容を開示した部分である。

（一）一切生類にはみな仏性がある。この（仏）性があるから、数えきれないほどの種々の煩悩の塊を断ち切れば、すぐにでも最高の覚りを得ることができる。ただし一闡提は除かれる。（如来性品第四の四〈大正蔵経十二巻四〇四頁下〉）[5]

（二）かの一闡提に仏性があるといっても、はかり知れない罪の垢《あか》に纏《まと》われているために、蚕が繭に住するように（そこから）出ることができない。この悪業のために覚りへの心（菩提心）を起こすことができないで、生死を流転して終わることがない。[6]

（如来性品第四の六〈大正蔵経十二巻四一九頁中〉）

まず、（一）の経文の「ただし一闡提は除かれる」という部分が、（イ）「一切生類にはみな仏性がある」を受けていると考えるか、（ロ）「数えきれないほどの種々の煩悩の塊を断ち切れば、すぐにでも最高の覚りを得ることができる」を受けていると考えるか、によって解釈が大きく分かれる。

一闡提には仏性はないと主張している人は（イ）と理解した。（イ）ならばたしかに一闡提は仏性をもたないことになる。しかし（二）の経文を読むと、一闡提に仏性がないとは述べていない。（一）と（二）の二つの経文に共通する点は、はかり知れない煩悩を滅することができないのが一闡提であると述べている。これに関してはすでに紹介した如来性品第四の二の経文において、一闡提の心は不定で、もし彼が仏法（仏性）を信じる心を起こしたら、一闡提ではなくなるという説明がはっきりとした例証となる。

右に挙げた経文では、仏性は一切の生類にあるとはいうものの、最高の覚りを得るためには種々の煩悩が起こらないようにしなければならない。そのことに関して「一闡提は除かれる」と表現したのである。一闡提だけに仏性がないという意味ではない。

右の（二）の経文でとくに注意しなければならないことがある。仏性があっても彼は菩提心《ぼだいしん》を起こさないので覚りを得ることができないと述べている点、「悪業のために覚りへの心を起こすことができない」という部分である。

一切衆生悉有仏性《いっさいしゅじょうしつうぶっしょう》ではあるが、修行しないと最高の覚りは得られない。しかし修行はまず覚りを求める心を起こさなければ始まらないのである。つまり菩提心を起こさなければならない。この菩提心を起こした後に修行がある。一闡提はこの菩提心を起こさないので、覚りを得ることはできないと結論づけた。

では、一闡提は最高の覚りとはまったく無縁の衆生であろうか。一闡提は救われるのだろうか。

一闡提は救われるか

菩提心はブッダになりたい、覚りを得たいという願いである。この願いを起こしたら、そのときに仏教の家に入ったことになる。仏教の川の流れに足を浸したことになる。その願いを起こしたとき、人はブッダの教えを正法と信じるのである。ブッダの教えに対する真摯《しんし》な信頼と帰依《きえ》の心も菩提心である。

『大乗涅槃経』では、菩提心を起こすことは仏性が内在するという教えを信じることである。したがって仏性の内在を信じない者が菩提心を起こすことはありえない。つまり菩提心を起こすのは、その仏性を顕現して自らブッダになりたいという願いをもち、その実現のために修行しようという誓いである。

このように菩提心と仏性とは切り離せない。仏性は菩提心を起こす者にだけ実感され、体現されるのである。

では、仏性に対する信心をもたない一闡提は菩提心を起こせるだろうか。これに関して迦葉菩薩が釈尊に質問している。

世尊、衆生に菩提心がなくても、いま涅槃の光は彼らの毛穴に入り、菩提心を起こさせると説かれましたが、そのお考えには納得がゆきません。

なぜかと言いますと、彼らの多くは四重禁を犯した者であり、五逆罪を犯した者であり、そして一闡提もいます。光が毛穴から入り、覚りの原因になると世尊は説かれますが、これらの悪人どもと、戒律を守り、種々の善行を修めている者との間にはどんな違いがあるのでしょうか。

（如来性品第四の六〈大正蔵経十二巻四一七頁下〉）

この質問に対して種々の譬えを使い、釈尊は説明する。そのなかから数例を拾って紹介しよう。

迦葉菩薩、たとえば雨雲が空を覆《おお》い、大雨を降らし、大地や枯れ木や岩山や高原や堤などの水のないところに降り注いだ雨が、下方の田畑に流れ、乾いた池を満たして、生類に利益を与える状況を考えてみよ。

同じように涅槃の教えも無量の教えの雨を降らし、生類の心を潤す。ただ一闡提だけは菩提心を起《こ》さないので潤いを得ることができない。

また、たとえば焦げた種子は十万年雨を受けても、芽を出さないことを考えてみよ。万が一、芽を出したとしても、それは道理ではありえない。これは一闡提についても言える。彼は涅槃の教えを聞いたとしても、決して菩提心を起こすことはない。もし起こしたとしても、それは考えられない。（中略）もし傷のある手で毒を握ると、傷口から毒が入る。傷がないと毒は入らない。一闡提もこれと同じである。覚りに至るきっかけになる傷口がない。手に傷を持たないと毒が入らないのと同じである。

無上菩提の因縁を傷に、第一の妙薬を毒に、一闡提を傷のない手に譬えているのである。（中略）

沙羅樹、ニグローダ樹などの枝や茎は切断しても、また芽を出す。ところがターラ樹は切断すると芽を出さない。これと同じで、生類は教えを聞くと四重禁や五逆罪などを犯したとしても菩提の因縁が得られる。しかし一闡提はこの経典の教えを聞いても、菩提の因縁の芽を生じない。

渋柿のカディラ樹や甘柿のティンドゥーカ樹などは切断すると芽が出ない。焼け焦げた樹も同じである。これと同じで、一闡提もこの経典の教えを聞くことがあっても、菩提の因縁を生ずることはまったくない。

（如来性品第四の六〈大正蔵経十二巻四一七頁下～四八九頁中〉）

「一闡提は教えを聞く機会があったとしても、菩提心を起こさない。したがって菩提へ向かう兆しさえない。菩提の因縁となる芽を出さない」と断言している。十万年経ても菩提心を起こすことはないだろうと言う。

ただ十万年経ても起こすことはないが、永久に起こすことがないとは述べていない。

「万が一」「決して」「まったく」「できない」という表現を使っているが、これは強調したことばであり、切り捨てたことばではない。

すでに述べたように、菩提心を起こさないのは信心がないからである。信心が生ずれば、菩提心は生じる。

心は不定であると『大乗涅槃経』は述べた。その点では一闡提の心も不定である。菩提心が生じないことはない。

『大乗涅槃経』の作者は右に引用した部分のずっと前に、釈尊に次のように語らせている。

一闡提は不定である。（中略）一闡提は重罪を犯し続ける者であるが、仏道を成し遂げられないのではない。なぜなら、もし一闡提が少しでも仏法を信じる心を起こしたら、そのとき、一闡提ではなくなるからである。

また、仏教の信者になったら、一闡提ではなくなる。重罪を犯す者でも、重罪を消したら、そのとき、ブッダになることができる。だからなにをしていようが仏道を成し遂げられないことはない。

四十巻本漢訳

不定者如二一闡提一。(中略)犯二重禁一者不レ成二仏道一無レ有二是処一。何以故。是人若於二仏正法中一心得二浄信一。爾時即便滅二一闡提一。若復得レ作二優婆塞一者。亦得レ断二滅於一闡提一。犯二重禁一者滅二此罪一已則得二成仏一。是故若言二畢竟不レ移不レ成二仏道一無レ有二是処一。(如来性品第四の二一〈大正蔵経十二巻三九三頁中〉)

一闡提は生来の一闡提ではない。仏法を信じなくなったときに一闡提となるのである。したがって仏法を少しでも信じる心を起こしたら、そのとき、一闡提ではなくなるという。永久に一闡提であり続けることはない。

もし一闡提が生来の仏法不信の人物で、性質が不変であれば、衆縁和合のダルマに反する。一闡提は衆縁和合の世界の生類ではなくなる。衆縁和合のダルマの世間に生きる生類であれば、一闡提は不定であり、いつかは成仏できると説かなければならない。

一闡提に救われる可能性があるとしても、それは難しいと経典は述べるが、では、難しいとはどういうことだろうか。

救われる理由の一つは、一闡提にも仏性があるから、方便によって成仏できるのである。方便を駆使しなければ成仏できないという、その方便とは八正道を修めることである。

第二の理由は、心は不定だからである。一闡提の心も不定である。したがって、いつまでも悪に染まった心であり続けるとは考えられない。心は不変ではないからである。

次に救われることは難しいという理由は、一闡提は仏法を聞く耳をもたない、その教えに無関心であり、信心をもたないために、教えの水が浸透しない。しかし永久に受け入れないのではない。心変わりを考えると、救われる時節もあると考えられる。したがって救われることは難しいが、永久に救われないとは述べていない。

成仏を信じて、菩提心を起こせば、かならず救われるが、菩提心を起こさないと救われるのは難しいと言うのである。

注

（1）光明遍照高貴徳王菩薩品第十の六（大正蔵経十二巻五一九頁上）。一闡提とは、信心をもたない者、巧みな方便を自分のものにできない者、精進を持続できない者、記憶を維持できない者、注意を保てない者、知慧をもたない者、無常についての善法を知らない者、であると言う。

（2）寿命品第一の一（大正蔵経十二巻三七一頁中）。六巻本『涅槃経』では、大身菩薩品第二（大正蔵経十二巻八五七頁下）。

（3）現病品第六（大正蔵経十二巻四三一頁中）。梵行品第八の五（大正蔵経十二巻四七七頁下）。

（4）聖行品第七（大正蔵経十二巻四四七頁下）には「極めて低能の人に私は説法したことがなかった。その低能な人たちは一闡提である」と述べている。梵行品第八の二（大正蔵経十二巻四六〇頁中）には「もし一闡提を殺しても必ずしも地獄に堕ちることはない。あのバラモンたちはみな一闡提である。……彼ら一闡提を殺しても罪の報いはない。なぜなら彼らバラモンは教えを信じたり、記憶したり、実践したり、念じたり、理解したりしようとしないから、彼らを殺しても地獄に堕ちることはない」と言う。

（5）これに相当する部分を六巻本『涅槃経』では「一切生類にはみな仏性がある。身中にある数えきれないほどの種々の煩悩をすべて滅ぼしてしまえば、仏（性）がたちまち顕現する。ただし一闡提は除かれる」（分別邪正品第十〈大正蔵経十二巻八八一頁中〉）とある。チベット訳本も同じ文意である。

（6）これに相当する部分を六巻本『涅槃経』では、「かの一闡提が如来性を永く断っている理由は、これを誹謗して大悪業をつくっているからである。蚕が自ら吐き出した糸の網にまとわれて出ることができないように、一闡提も同じである。如来性を開発するために覚りを求める心を起こすことができない。そのために生死のなかに限りなく流転する」（問菩薩品第十七〈大正蔵経十二巻八九三頁上〉）と述べている。

十　女身に仏性はない

女性はブッダになれない

釈尊は真理を求めるうえで、男性と対等に修行できる機会を女性に与えた。現代では法律や制度のうえで機会均等の場を与えられているが、古代インドでは女性は家のなかで炊事・洗濯・掃除などの役目を果たす者と考えられ、役割分担が決められていた。女性が男性に伍《ご》して人生を論ずるとか、真理を求めるとかは考えられなかった。

ところが釈尊は、出家者の共同体に女性出家者を受け入れた。最初の出家者は釈尊の育ての親マハーパジャーパティ夫人《ぶにん》であった。彼女の侍女二十人あまりも一緒に出家した。ここに尼僧《にそう》グループが誕生した。(1) 尼僧の誕生は当時、世界的に見て画期的な出来事であったと言われている。

尼僧たちは出家生活がいかにすばらしいかを語り、なかには女性への差別や蔑視《べっし》の風潮を批判する者もいた。尼僧たちの出家の動機や人生観、覚りの心境などを記述した『テーリー・ガーター』で、ソーマ尼は「心がよく安定し、知慧が習得されているときに、正しく真理を観察するのに女であることが邪魔になるのでしょうか。そんなことはありません」と述べている。彼女は、女性の知慧は「二本の指ほどの知慧」、つまり「料理の味見ができるくらいの知慧」にすぎないと軽蔑する男性たちに抗議したのである。

ソーマ尼のような発言をした尼僧がほかにも大勢いたと思われるが、彼女たちに対する男僧の嫌がらせ、差別はまったくなくなることはなかった。釈尊の死後、編纂された経典には女性（尼僧も含めて）はどんなに修行してもブッダになれない、そんな道理はないという考えを述べた経文が見られるからである。『中部経典』（第三巻六五頁）に次のように述べられている。

これは道理にないことであり、あってはならないことである。すなわち女性が阿《あ》羅《ら》漢《かん》・正等覚者《しょうとうかくしゃ》、……転輪聖王《てんりんじょうおう》、……帝釈《たいしゃく》、……摩王、……梵天《ぼんてん》、……になるだろうという道理はありえない。

〈参考〉（『増支部経典』第一巻二〇頁、『中阿含経』〈大正蔵経一巻六〇七頁中〉、『増一阿含経』〈大正蔵経二巻七五七頁下〉、『五分律』〈大正蔵経二十二巻一八六頁上〉）

この経文が女人《にょにん》五障説の原点である。女性はこれら五つの身分になれないという原意を、鳩摩羅什《くまらじゅう》という翻訳者が『法華経《ほけきょう》』を漢訳する際に「五障」と表現した。つまり五つの障《さわ》りと解釈した。実はこの原語は身分、地位という意味であったが、五障と訳されたことで後に覚りの妨げになる罪、罪障、さらには「月の障り」（月経）などの意味をもつことばとして定着する結果になった。

列挙されたなかで阿羅漢・正等覚者はブッダの別称である。五つの身分のなかで、唯一、ブッダである阿羅漢・正等覚者は人間であるが、そのブッダにさえなることができないと述べている。これが釈尊のことばとして伝えられている。はたしてこれが釈尊自身のことばであったかどうかは不明である。この考えは仏教教団が分裂したあとに現れ、紀元前三世紀以後に仏教の男僧たちが釈尊のことばとして経典を編纂する際に付け加えたと考えられている。

女人五障が説かれると、女性はブッダとは縁がない衆生になってしまう。その反省に立ったうえであろうか、変成男子《へんじょうなんし》の考えが登場した。男性に変身すればブッダになれるという条件を打ち出したのである。

文字どおりに取れば、男性に性転換するとか、男性に生まれ変わるとか、あるいは男性の出家者の姿（剃髪《ていはつ》し、糞掃衣《ふんぞうえ》を着た姿）になるとかなどが考えられるが、経典を読むと外形で男性出家者の姿になることが変成男子の意味であったと考えられる。これだけでは十分とは言えなかったのか、たとえば『長部経典《じょうぶ》』（パーリ語で書かれた初期仏教経典）が説くように「女心を捨てて男心を修めること」と言って「男心を倣《なら》う」という条件を付け加えている点は、原始仏教経典から大乗仏教経典まで共通して説かれている。

要するに変成男子は外形は出家者の姿で、内面は男心を倣うことであったと言える。このように変成男子すれば、女性も最後にはブッダになれるというのが、仏教経典の女人成仏《にょにんじょうぶつ》思想である（これに関しては田上太秀『仏教と女性――インド仏典が語る』〈東京書籍〉を参照されたい）。

この女人五障説や変成男子説は仏教の原点とされる『法句経』や『スッタニパータ』などにはまったく見当たらない。これら仏典にはなかった女性への蔑視や差別の考えを、釈尊の死後数百年頃の仏弟子たちが釈尊の考えであるかのように伝承したのである。これは大乗仏教経典ではとくに強調され、『大乗涅槃経』でも同じく強調された。仏性と性差別とは無関係のように思えるが、意外にそうではなかった。

仏性は男性の象徴

仏性は身体に内在し、不滅であり、求めれば必ず得られる、実在であると『大乗涅槃経』は説き、そして生類の身体には、男女の形の違いはあっても本性として差別はないと説いてきた。したがって等しく、だれでもブッダになれると理解されてきた。ところが経典は、仏性は男性の特徴であるとも説いたのである。その原文を読んでみよう。

是の大乗経典に丈夫の相あり、いわゆる仏性なり。

（この大乗経典〈『大乗涅槃経』〉には男性の特徴がある。それは仏性である）

（如来性品第四の六〈大正蔵経十二巻四二二頁上〉）

〈参考〉　六巻本漢訳

また、次に迦葉菩薩、この義をもっての故に、善男子・善女人は摩訶衍《まかえん》の般《はつ》泥洹経《ないおんきょう》において、まさに勤めて方便して、丈夫の志を立つ。所以《ゆえん》は何《いか》ん。如来性とは丈夫の法なるが故なり。女人にして志ある者は、一切法において多く染《せん》著《じゃく》を生ず。また、摩訶衍の深経《じんきょう》の妙味を発《おこ》すに堪任せず。

（問菩薩品第十七〈大正蔵経十二巻八九四頁下〉）

『大乗涅槃経』より古い成立といわれる六巻本と比べると、表現にわずかの違いはあるが、趣旨は同じである。いずれも仏性は男性の特徴をもつと言う。共通して男性に比べて女性は煩悩が多く、飽きずに欲望のおもむくままに行動するので、仏性の内在を知らず、仏性を求める気持ちも起こさないという説明をする。次の文章を読んでみよう。

迦葉菩薩、たとえば蚊《か》の小便が大地を潤すことがないように、女性の性欲を満足させることはできない。たとえば大地を犬薺《いぬなずな》の種子の大きさに丸めて、これをすべての男性とし、この男性とひとりの女性が情事をなしたとしても彼女は満足しない。

ちょうど大海がすべての雨、百千の川の水を飲み込んでも溢《あふ》れないように、女性の性欲もこれと同じである。世間のすべての人々を男にして、彼らとひとりで情事をなしても満足しない。

アショーカ樹、パータラ樹、カニカ樹などが春に開花する。多くの蜂が来て、その花の蜜を吸い取るが、まったく飽くことがない。女性も男性を飽くことなく欲する。

善男善女は大乗の涅槃に関する教えを聞いたら、女性であることを嫌悪して、男性の特徴である仏性を求めるであろう。なぜか。それは大乗経典は丈夫（男性）の特徴、すなわち仏性を持っているからである。もし仏性を知らない人がいたら、その人には男性の特徴がない。理由は彼は自ら仏性があることを知見できないからである。もし仏性を知見できない人がいたら、わたしはその人を女性と呼ぶ。もし自分に仏性があるとはっきり知見できたら、この人は丈夫の特徴を持つ者と言う。もし女性が自分に仏性があると知見したら、これはすなわち男性になったと言ってよい。

（傍点部分の漢訳文）

若人不レ知二是仏性一者、則無二男相一。所以者何。不レ能二自知レ有二仏性一故。若有下不レ能レ知二仏性一者上、我説是等名為二女人一。若能自知三有二仏性一者、我説三是人為二丈夫相一。若有二女人一能知三自身定有二仏性一。当レ知是等即為二男子一。

（如来性品第四の六〈大正蔵経十二巻四二二頁上〜中〉）

傍点部分を読むと女性に仏性がないとは説いていないが、仏性の内在を自覚できないのが女性だと言う。これは女性が仏性を知見する能力に欠けているという意味なのか、仏性が男性の特徴をもつので、女性はそれを理解できないという意味なのか、趣旨をくみ取ることは難しい。

要するに、女性にも仏性はある。しかし女身《にょしん》であるかぎりは仏性を知見できない。そこでもし女身を捨てて変成男子すれば、仏性を知見できると述べている。ここに女性は変成男子すればブッダになれるという仏教的論法により女人成仏を説いている点で、他の多くの経典と変わるところはない。この限りでは仏性思想も女性に対して性差別していると言える。

注

(1) 釈尊在世中の仏教教団に、尼僧はどのくらいいたのだろうか。『テーリー・ガーター』中の尼僧の数は七十三名である。他の資料では正しくは九十二名とあるが、正確な数字は不明である。男性の出家者の数は当時は二千名を超えなかったと思われるが、この数と比べると尼僧の数は約五パーセントである。

第四章　『大乗涅槃経』のユニークな思想

仏性思想そのものが、言うならばユニークな思想である。これを代表として、『大乗涅槃経』には興味深い記述が数多く見られる。

この章では、それらのなかでもとくに重要と思われ、そのうえ後世の祖師たちに影響を与えた考え方を選び、紹介したい。

とくに、浄土教だけでなく、多くの仏教宗派の僧侶や信者たちがしきりに「南無《なむ》……」と唱えるのはなぜか、それに答える説法が見られる。

また、わが国では釈尊が死んだと考え、涅槃像は亡骸《なきがら》が横たわっている姿であるとして涅槃《ねはん》会《え》の法要が営まれるが、『大乗涅槃経』では釈尊は死んでいないと説いている。

そのほかにも種々のユニークな思想が見られるが、ここでは七つの例を挙げてその特異性を説明したい。

一　正法のためには破戒も許される

釈尊はブッダになるために躾《しつ》けるべき五つの習慣（五戒）を説いた。それは、一、生き物を殺さない、二、盗まない、三、妄語を口にしない、四、邪淫をしない、五、酒を飲まない、の五つである。

これらを、出家者も在家者も日常生活において身に付けるべき習慣と考えたのである。「戒」は戒《いまし》めと読み、命令的な意味を含むように考えられているが、釈尊はこれらは命令されて行うことではなく、自律的に行う習慣としなければならないことと説いた。五戒のうち前の四つはキリスト教でも十戒に説かれているが、それは神のことばとして説かれているので、「……いけない」と命令的に表現されている。ところが釈尊は「……しない」と表現した。つまり社会生活をするうえで、人として当然身に付けられるべきことだからである。

五戒のなかで「飲酒しない」以外は、時代、民族、国、そして宗教のいずれにあっても当然守るべき事項である。殺生、窃盗、妄語、邪淫を奨《すす》める民族や国や宗教があっただろうか。これらを奨めていた時代があっただろうか。皆無である。国は法律で、宗教は戒律をもってこれら四つを禁止する項目を制定してきた。

仏教では飲酒を禁じた戒を制定したが、これはかならず厳守すべきものとは説かれず、時代によって、国によって、風土によって、場合によって例外を認めているので、後代になると禁酒を問題とする例は多くは見当たらない。

ともかくも仏教では戒は習慣として考え、自律的に身に付けるべきものであると考えられていた。

多くの出家者が共同体を形成すると、さまざまな問題が起こる。それを解決するために個人的規則（戒）と、集団を統率する規則（律）が事件が起こるごとに一つずつ制定されていった。これを戒律と言う。

出家者は俗生活を離れ、煩悩が起こらないように厳しい戒律を遵守《じゅんしゅ》しなければならない。戒律を破ることはブッダになる目的、ブッダになりたい誓いを捨てることにつながる。また、戒律を破れば、釈尊を中心にした出家者の平和を乱し、共同体の秩序を破ることになるので、共同体から追放される。

戒律は共同体の秩序を維持するために、また、個人の行為を律するためにもっとも重要と考えられた。『大乗涅槃経』の作者も、戒律は厳しく守るべきであると述べている。

　ブッダは説法のなかで、次の二つのことを説かれました。

「戒律を破ることはブッダの教えのなかでは絶対に許されない。その行為は肥沃《ひよく》な田に雑草が生えているようなものである」

「老人であれ、年少であれ、正法《しょうぼう》を理解している人を心から供養せよ。ちょうど神々が帝釈天に仕えるように」


（如来性品第四の三〈大正蔵経十二巻三九九頁下〉）


破戒行為は肥沃な田に雑草が生えている状態と同じだと言う。雑草は取り除かなければ、実り豊かな収穫の妨げとなるからである。

正法を知る人とは正法を守護する人という意味である。正法を熟知する人はそれを守護し、人々に伝えようとする人でもある。そこで正法をよく理解している人がたとえ自分より年下であっても、また、老人であっても、その人に仕え、供養しなければならないと説いている。年齢を問わず、正法を守護する人には心から仕えるべきであると言う。

　ここで経典は次のように説明する。

もし正法を守護する人が破戒の人と同じ生業を営んでいるのを見て、（彼は）戒を犯し、罪を作っていると非難したら、非難した人自身が悪の報いを受ける。実はその正法を守護している人にはなんの罪もないからである。

もし出家者で戒を犯し匿《かく》して悔い改める気持ちがない者がいたら、この人こそ本当の破戒の人である。正法を守護するためであれば、たとえそのために戒を犯していることがあっても破戒とは言わない。なぜかというと、奢《おご》りの心がなく、告白し、懺悔《さんげ》するからである。（如来性品第四の三〈大正蔵経十二巻四〇〇頁下〉）

ここに言う破戒の内容は、出家者が所有してはならない金、銀、男の召使い、女の召使い、羊、倉庫、売り物、穀物の八種を所有していることである。仏典ではこれらを不浄物と言う。

右の経文では、たとえ破戒の人と同じような生活をしている人でも、その人が正法を守護している人であれば、破戒者と決めつけてはならないと述べている。この考えの正当性を説くために、次の二つのポイントを挙げている。

1　破戒したら匿さず、悔い改める気持ちを持っているかどうか。
2　正法を守護するために破戒したかどうか。
たとえ破戒しても悔悛《かいしゅん》の心があれば、罪にはならないと言う。そして正法を守護するためにやむをえず破戒したのなら、これも罪にはならない。そこで次のようにも述べる。

もし破戒したら、懺悔しなければならない。懺悔したら、罪は消える。古い堤防に穴が開くと、そこから水が漏れ出す。人がその穴を塞《ふさ》ぐと漏水がなくなる。
（如来性品第四の三〈大正蔵経十二巻四〇〇頁下〉）

ここでは懺悔滅罪《めつざい》を説いている。懺悔するとそれまでのすべての罪が消え去るという教えである。懺悔が堤防の一つの穴を塞ぐことに似ていると言う。大河の堤防にとって蟻《あり》の穴程度でも時を経れば堤防の決壊を招くことになる。破戒してもすぐに懺悔する、悔い改める心を起こすことがひいては過去の罪障を軽くし、また、消すことになるという信仰である。
では、やむをえず破戒するのは、どんなときだろうか。

それは破戒の出家者を教化するために一緒に生活する場合である。その相手と同じ生活をして、それが相手を改心させる方便であれば、破戒の行為はやむをえないと言う。

二つのポイントはいずれも、破戒してもすぐに破戒したことを告白し、懺悔の心を持ち続けることが大事だと説いている。ここで迦葉菩薩が質問した。

「世尊、……この場合、破戒しているのか、戒を堅持しているのか、それはどのようにして判断できるのでしょうか」

「迦葉菩薩、たとえば農夫が稲や他の穀物の種を一緒に播いて、芽が出た頃に稗《ひえ》や雑草を取り除く場合を考えてみよう。その頃は肉眼で見ると区別がなく、雑草のない、きれいな田に見えるが、生長して実った頃に見ると、草と穀物の違いがわかるようになる。

これと同じで、先の八種は貯えてはならない物で、汚れている出家者から八種を排除すると、肉眼でも清浄な出家者になったことを判別できる。しかし戒を堅持しているか破戒しているかは、悪いことをしていないときは肉眼では分別しにくい。もし悪いことをしても暴露《ばくろ》されれば区別できる。生長すると、稗と稲との区別がつ

きやすいのと同じである」（如来性品第四の三〈大正蔵経十二巻四〇〇頁下～四〇一頁上〉）

破戒の生活を一緒にしている二人の出家者がいて、正法を守護している者とほんものの破戒者をいかに判別すべきか、だれでも知りたい。そのことを釈尊に迦葉菩薩は質問した。

これに対して正法を守護している者とほんものの破戒者の区別は、最初は判別できないが、破戒者はいつかは悪事をはたらくので、そのときに区別がはっきりすると答えている。

二　正法を見て、生まれを見るな

一つの宗教思想が二十数世紀にわたって代々人々に支持され、それが現在でも多くの人々の心の支えになっている例は少ない。代々支持され、実践されてきたことはその教えによって救われた人が数えきれないほどいたことを意味する。その教えは正法であると言わなければならない。

では、その正法を伝承し、開示してくれる人はだれか。その人に巡り合うことが一大事である。その人こそ正師《しょうし》である。この正師を『大乗涅槃経』は正法を守護する人と言う。

経典は次のように述べている。

いまこそ教えを聞く絶好の機会である。聞いたら信じ、敬い、心して記憶し、尊重しなければならない。正法を聞いて、そのなかに間違いがあるかどうか探ってはならない。貪《むさぼ》り、怒り、奢りなどの心を起こしてはならない。説法してくれる師の生まれの善し悪しを見てはならない。教えを聞いたら、侮《あなど》り、傲慢《ごうまん》の気持ちを起こしてはならない。敬われたいと思って聞いたり、名誉のため、利養《りよう》のために聞いたりしてはならない。すべてを聞いたら、彼岸に渡るための教えを充実することに努めなければならない。

（光明遍照高貴徳王菩薩品第十の一〈大正蔵経十二巻四九〇頁上〉）

ここに、正法を聞いたら信じる心をもち、それを尊重する心をもつべきであると述べる。
そして教えを聞いた者に、次のことを禁じている。
1　教えのあらさがしをしてはならない。
2　貪り、怒り、奢りの三つの悪心を起こさない。
3　説法師の生まれを聞いてはならない。
4　侮り、傲慢の気持ちを持ってはならない。
5　名誉や利養のために聞いてはならない。

五つのなかで、教えを受ける者は説法師の生まれを聞いてはならないという項目に注目したい。正法を聞く姿勢こそが大切であり、正法を伝える人がどのカーストの生まれかは関係ない。釈尊が生まれによって人を差別してはならないと説いた教えがここに生きている。[1]

注

（1）鎌倉時代の道元禅師は『正法眼蔵』「礼拝得髄」の巻で、「釈迦牟尼仏のいはく、『無上菩提を演説する師にあはんには、種姓を観ずることなかれ、容顔をみることなかれ、非をきらふことなかれ、行をかんがふることなかれ』……」と述べているが、これはおそらく『大乗涅槃経』のこの部分を引いたものであろう。

三　「南無！」と唱える功徳

仏教徒の信仰の基本は三宝《さんぼう》に帰依《きえ》することである。三宝とは文字通り「三つの宝」の意味で、仏（ブッダ）と法（教え）と僧（出家者の共同体）の三つを言う。これらは人々のために最上の利益となり、すぐれた功徳《くどく》があるので宝石に譬えらえた。三つを合わせて仏法僧《ぶっぽうそう》と呼んでいる。

ブッダとは人生の真理を発見し、それを多くの人々に示し、教え導いた人のことである。教えとはブッダが発見した真理をもとにした人生の指針を言う。僧とは出家者の共同体で、教えを学び、自らを研《みが》き、人格を完成させようと修行する者の集まりである。

仏教はブッダを慕い、ブッダの教えを敬い、出家者の修行を援助するという信仰生活を強調している宗教である。三宝を信仰するのが仏教であり、修行の中心である。

ブッダになりたい、また、ブッダになるために修行している出家者のようになりたいという意思を表示した「南無《なむ》」ということばがある。「南無」とはサンスクリット語ナマスの音訳で、「屈する、礼する」という意味。これを漢字で帰依、敬礼《きょうらい》、帰命《みよう》、信従などとも訳している。

この訳語のなかで、帰命は「命を懸けます」という意味にもとれる。わが国の仏典では「たすけたまえ」という意味で使っている例がある。

漢訳に「南無三宝《なむさんぼう》」（三宝に南無する）と表されているが、「三宝に敬礼します」「三宝に命預けます」という意味である。三宝への絶対信仰が「南無」の一語に込められている。仏教徒は合掌して「自ら仏に帰依し奉ります。自ら法に帰依し奉ります。自ら僧に帰依し奉ります」と唱えるのが一般的である。

南無三宝のなかでも「南無仏」が強調されて、念仏の中心となっている。念仏といってもブッダを祈念して願い事をかなえてもらおうという意味ではなく、「いつもブッダを慕い、敬い、従っていきます」いう意味で、これが本来の念仏の意味である。

時代が下ると、この念仏の代わりに南無仏という表現が生まれるようになった。これを口に唱えると、このことばがもつ「隠れた力」を授かると説かれ、南無阿弥陀仏、南無妙法蓮華経などの南無は命を預け、お力にすがり、たすけたまえと祈る意味をもって唱える文句となった。

大乗仏教経典には、これを唱えると最上の覚りを得られると説くもの(1)がある。そのなかで『大乗涅槃経』は、「ナム・ブッダ」と唱えるとあらゆる苦難から救われるとまで説いている。この経典に見る「南無」の功徳を説く例を紹介しよう。

〔例1〕ベナレスという町に女の仏教信者がいた。彼女は雨期の間、数人の出家者の世話をしていたが、出家者の一人が重病に罹《かか》った。肉を食べさせるとすぐに治るという医者の診断があり、肉を求めて町中を歩いたが、手に入らなかった。そこで彼女は自分の腿肉《ももにく》を切り裂き、これで温かい料理を作り、病人に食べさせ、治癒させた。

一方、彼女は切り取った傷跡が悪化し、苦痛で耐えられなくなり、自然と「ナム・ブッダ、ナム・ブッダ」と声を出した。するとこれを舎衛城《しやえじよう》にいた釈尊が聞きつけて慈しみの心をもって薬を塗って癒した。おかげで彼女はもとの健康な状態になった。

〔例2〕提婆《だいば》達多《だつた》は大酒飲みで、いつも頭痛や腹痛に悩まされていた。痛みに耐えきれない日々がつづくことが多かった。そのとき、彼も「ナム・ブッダ、ナム・ブッダ」と唱えた。たまたまウッジャイン国にいた釈尊はこの声を聞いて、哀れに思い、慈しみの心を起こし、治癒してやった。

〔例3〕コーサラ国に住み着いた五百人の盗賊がいた。狂暴な彼らをパセーナデイ王が兵を遣わして捕らえ、眼をえぐり、密林のなかに隔離した。彼らは失明して、苦しみ、ついに「ナム・ブッダ、ナム・ブッダ」と声を出した。これを祇園精舎《ぎおんしょうじゃ》にいた釈尊が聞いて慈しみの心を起こし、ビャクダンの薫《かお》りがする風を彼らの眼に吹き付けた。すると眼が見えるようになり、説法される釈尊の姿を見ることができた。

三例を見てわかるように「ナム・ブッダ」と唱えると、釈尊が助けにきてくれるという信仰が述べられている。

これに似た例は『法華経』の観世音菩薩普門品《ふもんぼん》にも見られる。よく「苦しいときの神頼み」というが、『法華経』で言うと、「苦しいときの観音さん」とでも言えよう。観音菩薩の名前を呼ぶと、立ちどころに悩みを解決してくれると書かれている。

たとえば大火や、洪水などに見舞われたとき、悪鬼《あっき》などに苦しめられ、危害を受けているとき、牢獄《ろうごく》に縛られているとき、盗賊に襲われそうになったときなど、観音菩薩の名前を唱えると、はかり知れない力をもって助けてくれると言う。また、妊娠中の女性が男の子、あるいは女の子を産みたいと思って観音菩薩を呼ぶと、その願いをかなえてくれると説いている。

この観音菩薩の名前を呼ぶのは、先に述べた『大乗涅槃経』の「ナム・ブッダ」と同じ趣旨である。ナム・ブッダと唱えると、釈尊がどんな遠くにいてもその声を聞き、悩みを解決してくれるという『大乗涅槃経』の「ナム・ブッダ」は、「南無観音菩薩」とまったく同じである。

浄土思想の原典である『阿弥陀経《あみだきょう》』にも似た経文がある。

舎利弗《しゃりほつ》よ、もしも立派な善男善女が阿弥陀仏の名前のいわれを聞いて、その名前を心に留め、あるいは一日、あるいは二日、あるいは三日、あるいは四日、あるいは五日、あるいは六日、あるいは七日の間、心を一つにして乱れなければ、その人の臨終のときに、阿弥陀仏は多くの聖者たちに取り巻かれて、この人の前に立たれるだろう。すると、その人は命が終わる寸前まで死の恐怖で気が動転することはない。だからその人は阿弥陀仏の国土である極楽という浄土に生まれるであろう。

阿弥陀仏が建設した極楽という浄土に生まれたいなら、阿弥陀仏の名前を心に留めることだという。これは阿弥陀仏の名前を唱えることであり、阿弥陀仏に帰依することである。つまり「南無阿弥陀仏」である。これも『法華経』の「南無観音菩薩」と同じことである。

いずれにしても仏教信仰はなにかに絶対の信頼をおき、自らの命をも預けるという「南無」の信仰であったと考えられる。

この「南無」信仰は、あまりにも偉大であるブッダの力にすがるほか救われる道はないと考えたことに始まる。人々の想像を超えたブッダの自在力《じざいりき》と大悲にもとづく衆生を守護するブッダの加持力《かじりき》とに衆生は守られているという『般若経』の教えを受けて、その力にすがり、その力にゆだねることが救われる唯一の道であるという信仰が生まれたのである。ここに「南無」が強調された。

このように『大乗涅槃経』だけでなく、大乗仏教経典では「南無」の功徳を強調し、ブッダへの帰依を信仰の中心においていたことがわかる。『法華経』と『大乗涅槃経』と『阿弥陀経』などの「ナム・ブッダ」の信仰は、わが国の仏教信仰に受け継がれている。たとえば親鸞上人は『教行信証《きようぎようしんしよう》』において「南無阿弥陀仏」と唱えることを、道元禅師は『正法眼蔵』「道心」の巻において「南無帰依仏」と唱えるように勧めた。

しかしなかには三宝ではなく、ブッダのことば(真言《しんごん》)への帰依、経典に対する帰依もある。前者は、たとえばわが国では弘法大師に(2)、後者は日蓮上人(3)にそれぞれ見られる。

『大乗涅槃経』をはじめとする大乗仏教の信仰は「南無」にもとづいており、それは「ゆだねる」信仰といっても過言ではないだろう。[4]

注

(1) 一例を挙げると、『大乗涅槃経』に影響を与えた『法華経』には「それらの遺骨の安置されている場所で、『もろもろの仏を礼拝し奉る』とひとたび言ったら、そのとき、彼らの心が散乱していても、ひとたび言っただけで、彼らはすべての最上の覚りを得たのである」(Saddharmapuṇḍarīka-sūtra, V. 96)という経文がある。ここの「もろもろの仏を礼拝し奉る」は漢訳では「南無仏」である。南無と唱えることに仏道を成就する功徳があると言う。

(2) 『般若心経秘鍵』に「真言は私たちの考えを超えたものである。これを繰り返し思念して唱えれば、迷いの根源が除かれる。また、一字一字に千種の真理が含まれており、これを唱えれば、現にこの身のままで存在の本性を理解することができる」とある。

(3) 日蓮の『妙一尼御前御返事』に「およそ、信心とは格別にむずかしいことではない。妻が夫を慕うように、夫が妻のために命を捨てるように、親が子を救い捨てないように、子が母から離れないように、法華経、釈迦如来、多宝如来、すべての世界の仏や菩薩、そしてすべての神々を信じ奉って、『南無妙法蓮華経』と唱え奉ることを信心と言う」とある。

(4) 田上太秀『迷いから悟りへの十二章』ＮＨＫライブラリー110(日本放送出版協会)の第十二章を参照されたい。

四　すぐれた施しと普通の施し

わが国では、施《ほどこ》しと言えばお寺に金銭を提供することと考えられており、先祖の供養をしてもらうために布施《ふせ》する人が多いと思われる。古代インド人は自らの来世の幸せを願って、その幸せを得たいために布施した。今日でもその気持ちで布施していると考えてよいだろう。

釈尊も出家者や貧しい人に施すこと、そして嘘を言わない、盗まないなどの五つの習慣（戒）を身につけることに心がければ、来世では天に生まれ、幸せな生活が待っていると在家者に説いた。在家者には施しが善行の第一であると教えたのである。

施しの善行は仏教だけでなく、他の宗教でも説かれているので、宗教的善行である点では共通するが、宗教のリーダーのなかにはこれを悪用した者がいた。施しの多少によってご利益に違いがあると言い、信者に施しを強要する事例が少なからずあった。これは現代社会の宗教だけでなく、古代インドにもあったことが『大乗涅槃経』に述べられている。

この経典では二ヵ所に施しに関する、まとまった説法がある。一つは迦葉菩薩に対する施しの説法で、ここでは慈しみの心をもって施すことを説いている。もう一つは光明遍照高貴徳王菩薩《こうみょうへんじょう》に対するもので、すぐれた施しと普通の施しの違いを述べている。

まず、迦葉菩薩への説法を紹介しよう。

施すときに施した物に執着の心を持たないこと。なにかに恐れを感じて、奢りや侮りから、名誉のために、返礼を求めるために、他をたぶらかすために施してはならない。富裕な人や貴族に施しをしてはならない。

施すときに受け取る人の素行の善し悪しを詮索《せんさく》しない。能力がある人かどうか、学識がある人かどうか、器量がある人かどうかを詮索しない。時や場所を詮索しない。飢饉《ききん》のときであるとか豊かなときであるとかという選択をしない。相手が幸福であるかどうかを考えない。

施す人、受ける人、そして施すものなどの善し悪しを詮索しない。また、施したことによる果報がすぐに消えるとか長く続くとかは考えない。いつも絶えず施しを続けることである。

さらに釈尊は、譬えを使って次のように説明する。

たとえばある人が毒矢で射られたとしよう。親族の人々は医者を呼び、毒矢を抜こうとした。そのとき、射られた人は、

「ちょっと待ってください。抜く前に、いったいこの毒矢はどの方角から射られたのか、だれが射たのか、つまり武士なのか、バラモンなのか、庶民なのか、奴隷なのかを調べなければなりません。さらにこの矢は木なのか、竹なのか、柳なのか、鉄なのか、矢じりはどこの鍛冶屋《かじや》が作ったのか、硬いものか軟らかいものかを調べなければなりません。矢の羽は鳥のものか、カラスのものか、鳶《とび》のものか、鷲《わし》のものか。毒は作ったものか自然のものか。つまり人が作った毒か、それとも蛇の毒なのか、これらの調べがつくまでは毒矢を抜いてはなりません」

と言った。この人はこれらの疑問が解決しないうちに死んでしまうことであろう。もし施すときに受け取る人の素行をはじめ、先に述べているようなことを気にしながら、それらがはっきりしてから施すようであったら、ついに施すことはできなくなる。施すことができなかったら、満足な施しを達成することはできない。

〈梵行品第八の一〈大正蔵経十二巻四五四頁下〉〉

引用文の前半の内容は施すときに、書かれてあるような気持ちをもって施すべき事例を挙げており、身につまされる。そこにはただひたすら施す心を持ち続けること、いつも絶えず施し続けることの大切さを説いている。そして後半では施すにあたって受け取る人の素行や先に述べているようなことを気にして施すと、施す時機を失い、満足した施しができなくなるという（この矢の譬えは、すでに『中阿含経《ちゅうあごんきょう》』第六十巻・箭喩《せんゆ》経にある）。

さらに、後の章ですぐれた施しと普通の施しの違いを説いているのがおもしろい。

では、普通の布施と完璧《かんぺき》な布施との違いは何かを説明しよう。

求める人を見てから与えるなら、これは普通の布施である。求める人がいなくても、いつも求めている人がいると心にかけて与えているなら、これをすぐれた布施という。ときどき与えるなら、これは普通の布施である。いつも与えているなら、これはすぐれた布施である。

相手に与えてから悔やむ気持ちが起こったら、それは普通の布施である。与えてもまったく悔やむ気持ちがなければ、それはすぐれた布施である。

財産を失う怖《おそ》れ、王に奪われる怖れ、盗賊に奪われる怖れ、洪水に流される怖れ、大火に焼かれる怖れの四つがあるが、これらの怖れがあることを知って、喜んで人々に与えれば、それはすぐれた布施である。

なにかお返しを望んで与えれば、それは普通の布施であるが、お返しを望まないで与えれば、それはすぐれた布施である。

（光明遍照高貴徳王菩薩品第十の一〈大正蔵経十二巻四九二頁下～四九三頁上〉）

求める人がいようといまいといつも与えることを心がける、与えても悔やまない、先を見越して与える、返礼を考えないで与えることがすぐれた布施であると述べている。利害や損得を考えた普通の布施との違いがはっきりとわかる。

ところで、奢りの心や貪りの心を捨てた布施が凡人にできるだろうか。実は私たちはすぐれた布施を日常行っているのである。たとえば羽を怪我《けが》して飛べなくなった鳥を見たら、だれでも飛べるようになるまで治療する。泳げなくなった亀を見たら、だれでも泳げるようになるまで治療する。この鳥や亀が回復したら、それぞれ森に海に帰すだろう。そのとき、だれが鳥や亀に返礼を望んで帰しているだろうか。彼らはなにもお礼のことばも残さないが、だれもそれを求めているわけではない。ひたすら回復を願って治療し、回復したら自然に帰すことを喜びとしている。

この鳥や亀に施した治療は一方的布施である。これほどすぐれた布施の心があるのに、人間関係では利害と損得で布施している。(1)

注

(1) 道元禅師の『正法眼蔵』「菩提薩埵《さった》四摂法《ししょうぼう》」の巻にある布施に関する考えに注目したい。「たゞかれが報謝をむさぼらず、みづからがちからをわかつなり。舟をおき、橋をわたすも、布施の檀度《だんど》なり。もしよく布施を学するときは、受身捨身ともにこれ布施なり、治生産業もとより布施にあらざることなし」

五　万象は変化しながら相続する

仏教では、一切の事象は衆縁和合しているので、みな変化しながら相続していると説いている。一つ一つが依存し、関わりながら、原因であったり、結果であったりして生滅し、増減し、盛衰している。ものには刹那に生滅するものがあり、短期間に生滅するものもあり、生じてから長期間たってから滅するものもある。いずれにしても生じたものはかならず滅するのが世間の道理である。これを諸行無常と言う。

無常は千変万化することで、一つ一つは無常であっても、ものは衆縁和合して相続している。一つ一つは刹那に滅しているが、刹那に次のものが生じている。前のものと後のものとの関わりはあっても、断絶している。しかし、ものは相続し存在している。かつてこれを不連続の連続と表現した哲学者がいたが、実は『大乗涅槃経』のなかですでにこのことを説いている。

肉体は無常である。もともとなかったものが生じたのであり、それは生じたら滅するからである。胎内では最初はカララであるが、これも、もともとなかったものが生じたのである。生じたらすぐに滅するからだ。草木の芽も、もともとなかったものが生じたのである。生じたらすぐ滅するからだ。

このことから考えてもすべての物質はみな無常である。

胎内の物質はみな時とともに変化する。カララの時は別であり、アルブダの時も別であり、ペーシーの時も別であり、ガハナの時も別であり、プラシャーカー[1]の時も別であり、誕生直後の時も別であり、赤子の時も別であり、小児の時も別であり、および老いた時も別であり、その時々はおのおの変化し、異なっている。

外界のものもこれと同じである。芽も茎も枝も葉も花も果実もそれぞれ変化し、異なっている。
また、胎内においてはそれぞれに味（感覚的愛着）が異なる。カララの時、および老いた時、それぞれの変化とそれぞれの違う味がある。外界の場合も同じで、芽・茎・枝・葉・花・果実はそれぞれ味が異なる。カララの時の力も違い、および老いた時の力も違う。カララの時の姿が異なり、および老いた時の姿も異なる。カララの時の果報が異なり、および老いた時の果報が異なる。カララの時の名前が異なり、および老いた時の名前が異なる。

（聖行品第七の四〈大正蔵経十二巻四四六頁上～中〉）

胎内に宿っている間には五つの感覚的喜びあるいは感覚的愛着（味）があるが、それぞれ前後に断絶があると言う。誕生後の成長段階でもそれぞれに前後の断絶があると言う。これをさらに草木を譬えにして、芽も茎も枝も葉も花も果実もみな変化し、それぞれが異なっているが、しかしそれは同じ草や木の上で行われ、変化しながら相続していると述べる。

おそらくこの『大乗涅槃経』の無常観をもとに説いたと推測される文言が『正法眼蔵』に見られる。そこには、生と死は生が死を迎えるのではなく、生が死となるのでもなく、生と死とはまったく断絶し、生が先にあって死が後にあるという関係でもないと言う。生は生という在り方、死は死という在り方を示していて、それぞれが一時の在り方を示したものであると言う。

それは薪《まき》と灰の関係を見るとわかる。薪は燃えて灰となるが、薪がそのまま灰となるのではない。薪は火が媒介して灰となるのであって、薪がそのまま灰となるのではない。薪は薪の在り方を示しており、灰は灰の在り方を示している。もし薪がそのまま灰となるなら、灰が薪に戻ることも可能である。しかし、その道理はない。だから薪が灰となるという道理もないと言う。

また、春が来て夏が来ると言うが、春が夏になるのではない。そうであれば、夏が春になることができなければならない。春は春の在り方、夏は夏の在り方を示している。春と夏の間には夏になるために衆縁和合がなければならない。春の時期があって、時節因縁が和合して夏が来るのであって、春がそのまま夏になるのではないと言う。(2)

『正法眼蔵』の説明は『涅槃経』の無常観にもとづいていると考えられる。

また、『大乗涅槃経』の修行に関する問答のなかに、「変化しながら相続する」という、いわゆる不連続の連続を説く箇所がある。

すでに紹介した経文を受けた内容である。経典は、肉体だけでなく心も刹那《せつな》に生滅しているが、それでも前後が相続し、絶えることがなく行われるのが修行である（如レ是等法雖二念念生滅一。猶故相似相続不レ断。故名二修道一。〈大正蔵経十二巻五三七頁中〉）と説いている。

　師子吼菩薩、明かりは刻々に消えるが、その光は暗闇を除いている。そのように考える心など、いろいろの心も同じである。

たとえば妙薬は服するそばからなくなるが、病を癒す。太陽や月の光は刻々に消えるが、樹林や草木の生長を助ける。これらの譬えのようなものだ。君は先ほど「刻々に滅しているのに、どうして修行の増長があるのか」と尋ねたが、それは心が相続しているから増長があるのだ（云何増長者。心不レ断故名為二増長一）。

　書物を読むときに読まれる字句は、それぞれが一時の区切りをもたない。しかし前の字句は中の字句に重ならない。中の字句は後の字句に重ならない。人と字句と心のはたらきとは刻々に滅しているが、ずっと読み進むから意味が通るようになる（如二人誦レ書所誦字句不レ得二一時一。全不レ至レ中中不レ至レ後。人之与レ字及以二心想倶念念滅㆒。以㆓久修㆒故而得㆓通利㆒)。

たとえば、金細工師は入門してから老境に至るまで一瞬一瞬に滅して、前は前、後は後として重なることなく、技量を積んで、ついに高い技量の作品を作ることができるようになった。彼は名人といわれる金細工師になることができた。書物の字句を読む場合も同じである。(中略)

たとえば数の一は二となることはない。二は三になることはない。刻々に滅しているが数は一千万にもなる。修行もこれと同じである。

これらの譬えから知らなければならない。前後はそれぞれたがいにまったく相似しているのではない。もし相似していれば、異なったものを生じることはできない(しかし相似したように、相続しているという意味である)。修行も同じである。

はじめは未熟であっても、長く修行しているうちにあらゆる煩悩を取り除くことができる。

(師子吼菩薩品第十一の三〈大正蔵経十二巻五三七頁中〉)

この文章はとくに説明を必要としないほど明快な内容である。ものは刹那に生滅しているとは、前後が断絶して相続していることだと言う。文を読むとき、前の文字と次の文字を重ねて読むと意味が通じなくなる。個々の文字をはっきりと区切って読むと意味が通じるが、それもあまりに離れて区切ると意味がわからなくなる。ちょうど映画のフィルムの一コマ一コマのようで、一つ一つを見ていると、どんな動きなのかわからないが、ある速度で流すと物の動きが見えてくる。

数字も一と二とは独立していて、一が二となることはない。しかし一があって二があり、三があり、四がある。それぞれが集まって数千万の数字となる。

これらの譬えを使って、修行は刻々に変化しながら相続してゆくことで、最後にブッダになると教えている。

この部分の内容と同じことを『正法眼蔵』では説いている。これについては注記を参照されたい(3)。

注

(1) カララ、アルブダ、ペーシー、ガハナ、プラシャーカーの五つは、胎内に受精した後の肉体の成長の次第を表すもの。受胎後の七日をカララと言い、第二の七日をアルブダと言い、第三の七日をペーシーと言い、第四の七日をガハナと言い、第五の七日以後出生までの間をプラシャーカーと言う。これを胎内五位と言う。誕生後も五つの段階で表し、それを胎外五位と言う。

(2) 「たき木、はひとなる、さらにかへりてたき木となるべきにあらず。しかあるを、灰はのち、薪はさきと見取すべからず。しるべし、薪は薪の法位に住して、さきありのちあり。前後ありといへども、前後際断せり、灰は灰の法位にありて、のちありさきあり。かのたき木、はひとなりぬるのち、さらに薪とならざるがごとく、人のしぬるのち、さらに生とならず。しかあるを、生の死になるといはざるは、仏法のさだまれるならひなり。（中略）このゆゑに不滅といふ。生も一時のくらゐなり、死も一時のくらゐなり。たとへば、冬と春とのごとし。冬の春となるとおもはず、春の夏となるといはぬなり」（『正法眼蔵』「現成公案」の巻）

（3）「今日より今日に経歴す、明日より明日に経歴す。経歴はそれ時の功徳なるがゆゑに。古今の時、かさなれるにあらず、ならびつもれるにあらざれども、青原も時なり、黄檗も時なり、江西も石頭も時なり。自他すでに時なるがゆゑに、修証は諸時なり」（『正法眼蔵』「有時」の巻）

「生は死を罣礙せず、死は生を罣礙せざるなり。尽大地・尽虚空、ともに生にもあり、死にもあり。しかあれども、一枚の尽大地、一枚の尽虚空を、生にも全機し、死にも全機するにはあらざるなり」（『正法眼蔵』「全機」の巻）

ものの在り方は刹那に生滅し、相続して、はたらいていると言い、時は重なり合うこともなく、妨害することもなく生滅していると言う。『大乗涅槃経』の考えをそのまま受けていると言える。

六　ブッダは死んでいない

釈尊の肉体は死滅した——色身無常

ブッダは、生類の身体は五つの要素（五蘊）、つまり物質的要素の地・水・火・風の集まりである肉体と、感受（受）・表象（想）・形成（行）・識別（識）の四つの感覚作用の集まりである心とから成ると説いた。この肉体と心とはまったく別のものでなく、感覚するはたらきは肉体のはたらきであり、肉体を指すとそれは心を指していて、心のはたらきは肉体のはたらきそのものである。

二つは切り離しては考えられない。一つのものをはたらきのうえから肉体、あるいは心と表したにすぎない。

五つの要素の中身を見ると、そこには霊魂が含まれていない。神のような不滅のものも含まれていない。五つの要素には常住不滅のものがなく、五つの要素のそれぞれが無常であるので、その集まりには不滅なものは存在しないと釈尊は説いた。つまり五つの要素の集まりから成る身体はもろく、はかないものだと言った。この身体を仏教用語で色身《しきしん》と呼んだ。

釈尊は『相応部経典』第三巻において、次のように言う。

三つのものを離れたら、色かたちは捨てられたものと見よ。
その三つとは寿命と体温と識別作用である。
もしもこの三つがこの身を離れたら、
この身は捨てられて横たわり、

精神のないものとして他のものの餌食《えじき》となる。

ここで言う生類の死とは、寿命がなくなり、体温がなくなり、最後に識別作用がなくなった状態である。また精神とは分別・判断する意識のことを言う。最後に心のはたらきがなくなったとき、単なる物となり、他の生類の餌食になると言っている。このように身体を観察したときに、いったいこの身体にどれほど愛着すべき価値があるだろうかと問いかけてもいる。

この世間に誕生したどんな生類も色身を持っているので、必ず死を迎える。死ぬのが理《ことわり》である。避けられない事実である。ブッダと呼ばれた釈尊も色身であったので、八十歳でこの世を去ったと伝えられている。

ブッダは死滅しない——法身常住

『原始涅槃経』には、釈尊の色身は火葬に付されたと書かれている。ところがこの経典に、釈尊は死んでいないのではないかと思わせる内容の文言がある。それは釈尊が亡くなる直前の状態を述べる部分であるが、深い、そして高い境地の瞑想に入り、そのまま涅槃に入ったと述べている箇所である。瞑想にはいろいろの段階があり、その境地を説明してもわれわれには実感を伴わないので省略するが、要するに死んだ状態ではなく、最高の瞑想の境地にあるままで涅槃に入ったらしい(1)。

ここでは瞑想の境地からどこかに飛躍したと考えられる。釈尊は高い瞑想の境地に入った状態で、世間を観察しているとも考えられる。

この『原始涅槃経』の記述を受けたのであろうか、『大乗涅槃経』では教えの集まり、教えのいのち、真理などの意味を込めた法身《ほっしん》ということばで永遠の釈尊を表現した。釈尊は法身という在り方で生き続けていると教えたのである。

経典では、釈尊は迦葉菩薩に対して次のような説明をしている。

「私の身体（法身）は不滅の身体で、壊れない身体である。私の身体は感覚したり、生滅したりする身体ではない。私の身体は世間のもの、そして地水火風から成るものでないが、それらと無関係ではない。私の身体は飲食《おんじき》をする身体ではない、教えの集まり（法身）である」

このように法身として生きていると説くので、『大乗涅槃経』では釈尊が火葬に付される場面は書かれていない。釈尊の臨終が近いことを聞いて人々が集まり、悲しみに暮れる情景は描かれてはいるが、どのようにして死んだとも、火葬のあとどのように分骨されたとも述べられていない。釈尊は生きているという設定、つまり法身は常住であると説いている。これについては次の文章が示している。

「私はクシナーラで深奥な三昧《さんまい》の洞窟（大三昧禅定窟《ぜんじょうくつ》）に入る。大衆《だいしゅ》は真実を見ないので、私が涅槃に入ると考えているようだが、……」

「世尊、ブッダはどうしてその三昧の洞窟にお入りになるのでしょうか」

「師子吼菩薩、人々を彼岸に渡してやりたいために、人々の善行を成就させるために、修行中の者を最高の覚りに至らせるために、……怠けている弟子を呵責《かしゃく》するために、私は常に静かに三昧の境地に遊んでいる」

（師子吼菩薩品第十一の四〈大正蔵経十二巻五四六頁中〉）

ここに釈尊は瞑想の境地に入って生類を見守り、彼らの善行が達成されるように陰ながら助けていると述べている。三昧の境地に遊んでいると表現されている。既述のように『原始涅槃経』に瞑想の境地に入ったままで涅槃に入ったという記述があるが、『大乗涅槃経』の作者はこの記述に目を留め、おそらくこれを法身常住の語句で表現したのであろう。

この『大乗涅槃経』の記述を眼に見える形で表したのが涅槃像（涅槃図）である。

この経典の成立が紀元後四世紀頃とされるので、涅槃像はおそらくその頃に現れたのだろう。実はこの涅槃像に関して見落とされている点がある。わが国では涅槃像と言えば、眼を閉じているブッダが描かれているのが一般的である。ところが、ほかの仏教国にある涅槃像はみな眼を開いている。

たとえば、インドのアジャンター石窟《せっくつ》寺院の第二十六窟のもの、インドのクシナーラーにある涅槃堂のもの、ガンダーラから発掘されたもの、スリランカのガル・ビハーラ寺院のもの、ミャンマーのスーラーマニ寺院のもの、タイのワット・プラケオ寺院のもの、敦煌《とんこう》石窟第一五八窟のものなどは目を開けている。わが国には数えるほどしかないが、たとえば石山寺（滋賀県）や新薬師寺（奈良県）などの涅槃図は目を開けた涅槃像である。

これらのなかでタイの涅槃像の半眼は、背後の坐禅した二体の仏像の半眼とそっくりである。つまり涅槃像の眼は、生きた仏像の眼と同じなのである。釈尊が涅槃に入ったのは死んだのではなく、法身として生きているという信仰がこのように形で表された。釈尊が法身として生きているというこの信仰は、『大乗涅槃経』の教えを継承したものと考えられる。

注

（1） ここの部分に関しては中村元訳『ブッダ最後の旅——大パリニッバーナ経』（岩波文庫、一五九～一六〇頁）を参照されたい。中村博士はこの瞑想に入ったまま涅槃に入ったという内容の部分は事実ではなく、後の仏教徒がこの経典の編纂に当たった折に付加したのではないかと、注記に述べておられる。

七　人は業に支配される

繰り返すと業ができる

仏教では、行いを身体的行為（身《しん》）と言語的行為（口《く》）と意志的行為（意《い》）の三つに分けて考える。これを身口意の三業《さんごう》と言う。

業《ごう》とは行いという意味で、一つの行為が反復されると習慣として定着する。それは習慣力（業）として残る。一種の癖、性癖などである。親と似た骨格、性格、考え方、能力なども業と考えられる。現れては消えてゆく行為も業と言えるが、これらの業は習慣力としての業である。

身口意の三業には善業と悪業がある。善と悪の行いは蓄積され、いつかその報いを受ける。それを業報《ごっぽう》と言う。報いを受けるとは報いを感じるという意味で、私自身が感じることを言う。苦しい、楽しい、悲しい、うれしいなどの感情で表されるのである。五蘊《ごうん》（身体）のなかで私自身が味わうのである。だれそれが感じるのでなく、「私」が「私」の五蘊のなかで苦しみを、楽しみを感じることを「報いを受ける」と言う。

行為があれば、なんらかの結果を招くのは必定《ひつじょう》である。これが衆縁和合の道理である。原因と条件が揃《そろ》うと結果を生む。「私」が悪業を作ると、その報いを感じるのは遅かれ早かれ必定である。これを『大乗涅槃経』は次のように説いている。

人々の種々の業は常在するものでもなく、断絶するものでもないが、それぞれに果報を受けなければならない。一瞬一瞬にその果報は消え去るが、決して永久になくなるものではない。業を作るはっきりした主体はないが、業を作るはたらきは行われている。果報を受けるはっきりした受け手はないが、果報は確かにある。果報の受け手はなくなっても果報がなくなるわけではない。はっきりとこれが果報であると知覚することはできないが催すことがある。

（師子吼菩薩品第十一の一〈大正蔵経十二巻五二四頁上〉）

業にはすぐに消えてしまうものと習慣力として残るものがあり、どんな業にも必ずそれぞれに報いがあると言っている。業の報いを感じて、そのつど、楽しみと苦しみを味わっているが、その報いの残余は決してなくならないと言う。

また、いま感じている報いはだれが作った業の報いなのかわからないが、その感じている「私」もまた業を作っている。そしていまの「私」が作った業の報いは将来だれが受け取るのかわからないが、しかし報いは必ず残って、いつか、そのときの「私」が感じるのである。報いの受け手がたまたま存在しなくても、その報いがなくなるわけではないとも述べている。要するに、これが報いだとは知覚できないが、しかし報いは知らないうちに集合して、大きくなっていると言うのである。

業は不定である

業のはたらきを軽く見て、信じない人が多いので、釈尊は改心させるために次のように説いている。

人のなかには、悪業を作っても報いを受けないことがあると言う人がいる。その人は「もし悪業が必ず報いを受けるならば、どうして不可触民の気嘘《けこ》が天に生まれたり、悪鬼アングリマーラが解脱を得たりしている例があるのか。その意味では業を作っても報いを受けることもあり、報いを受けないこともあると言うべきである」と言う。

こんな間違った考え方を持っている人がいるから、私は「業を作ったら報いを受けないことはない」と説いた。

重い業を軽くできる場合もあり、軽い業を重くする場合もある。とくに賢者と愚者にだけ見られる。

だからあらゆる業は必ずしも報いを受けないが、必ずしも受けないと言っても受けないわけではないことを知っておくべきである。

人々のなかには賢者と愚者がいる。賢者は正しい知慧によって地獄で受けるはずの極重の業の報いを現世で軽く受けるが、愚者は現世で受ける軽い業の報いも地獄で重く受けるのである。(中略)

もしどんな業も必ず苦しみの報いを受けることが決まっていたら、禁欲して解脱まで修行する必要はない。不定であるから修行するのである。

つまりまったく悪業をなくしたら、幸せな報いを受けるし、もし善業を捨てたら、苦しみの報いを受ける。

あらゆる業が必ず報いを受けるなら、八正道を修める心を起こさないだろう。八正道を修めなければ、解脱はない。あらゆる聖人が正道を歩むのは重い悪業を消して軽い報いを受けたいためであり、不定な業には報いがないからである。（中略）もしあらゆる業が必ず決まった報いを受けるなら、一生の間作った善業は安楽の報いを受け続けることになり、反対に一生の間作った悪業は永久に苦しみの報いを受け続けることになるだろう。もし業の報いがそうであれば、修行も解脱も涅槃もないことになる。（師子吼菩薩品第十一の五〈大正蔵経十二巻五五〇頁上〉）

業は確定したものではなく、業が招く報いは条件によって異なったものになると言う。悪業が苦報を決まって招くとはかぎらない。つまりすべてのものは衆縁和合して生滅しているからである。たとえ悪業を作っても、それが結果を招く途中でなんらかの条件を与えることによって楽報を受けることもある。

つまり、修行によって悪業が楽報を招くわけである。悪人が修行に精進することで解脱を得るのは業が不定だからである。そうであれば、善業も必ずしも楽報を招くとはかぎらないのだろうか。言うまでもないが、善業も不定である。善業を積んでもそれを続けていないと苦報を招くこともある。しかし善業は解脱への十分な条件を満たしているので、苦報を招く確率は少ないと言わなければならない。
　ここで「業は不定」と述べたのは、修行の重要性を強調することにあった。

必定の業と不定の業

　これまで業は不定と説明してきたが、業には左図のように不定の業と必定の業があると経典は述べている。不定の業とは既述のように条件によって予想した果報を受けるとはかぎらない業を言うが、必定の業は限られた条件によって予想された果報を受ける業を言う。
　その必定の業について経典では、一、報いが決定している業、二、時が決定している業、三、報いが決定していて、時が不定である業、の三つが考えられると述べている。

- 業
  - 必定の業
    - 報いが決定な業
    - 時が決定している業
    - 報いが決定で、時が不定な業
  - 不定の業

（師子吼菩薩品第十一の五〈大正蔵経十二巻五五〇頁中〉）

「必定の業」とは、現世の報いと、来世の報いと、来来世の報いを言う。つまり現世で報いを受けないからと言って、その報いがなくなるのではなく、来世にまでその報いは残って、来世の「私」が報いを受けることがあり、来世で受けなければ、来来世の「私」がその報いを受ける。いずれにしても、いつかは「私」が受けることが決定であるという業である。

業のはたらきがなくならないかぎりは、その報いを受けるまで、感じるまで、来世、来来世にまで残るので、これを「報いが決定な業」と言う。

報いを受ける人はいなくても報いがなくなるわけではなく、来世に、あるいは来来世に受ける時が決まっているので、その意味で業には「時が決定している」と考えられる。

「時が不定な業」の「不定」とは、業は来世、来来世までも受ける者が現れるまでなくならないが、途中で条件が変われば報いを受けないこともあるという意味である。世間は衆縁和合しているので、もし悪行を犯し、その報いで地獄へ堕ちることが決定であっても、懺悔《さんげ》してブッダの教えに従って善行を重ねると、地獄へ堕ちずに軽い報いで済むことになる。

このように業の報いは、来世、来来世にわたって業の力がいつか、だれかによって受け取られるまでは残り、消化されるまでは生き続けると説く。

ここでも業と修行とは分離できない関係にあることを教えている。

第五章　多彩な比喩説法を読む

釈尊の説法は対機《たいき》説法だと言われる。それは相手の知的能力、性格、職業、身分、生活環境などを考えて、それぞれに応じたことばを選び、相手が理解できるように心配《こころくば》りして説法することである。もちろん話し方が上手《じようず》でなければならない。また、自らの話し声の調子や速さも整えなければならない。

このように説法に当たってはさまざまな注意が必要である。このなかでもっとも大切なことが話の中身であることは言うまでもないが、それを理解させるために日常生活のなかにある種々の事柄を例に挙げて具体的に説法しているのが釈尊の説法の特色ではないかと思われる。相手が大工であれば、大工の仕事の内容を譬えにして仏法を説く。仏教用語で言う応病与薬《おうびようよやく》が釈尊の説法である。

どの仏典を読んでも、その譬えの多さにはだれしも驚くだろう。仏典は他宗教の聖典に比べて譬えの多さでは抜群である。それほど譬えが多い仏典のなかでも『大乗涅槃経』ほど多くの譬えを使って説法した仏典はほかにない。この経典の譬えは後の数多くの仏教文献に頻繁に引用され、この経典の内容よりも譬えを通して『涅槃経』の名前が知られているほどである。

ここでは、『大乗涅槃経』の種々の思想をもっとも素直に表現した比喩を紹介しよう。できることなら、この経典の原典を読み、比喩を通して教えがいかに解き明かされてゆくかを味わってもらいたい。

一　乳と薬の譬え——仏性はアートマンである

仏教教団のなかで釈尊をはじめブッダと呼ばれた人たちは、この世に現象しているものに霊魂も神も内在しないし、それらに「私」あるいは「私のもの」はない（諸法無我）と教えた。あらゆる事象はみな衆縁和合して生滅している（諸行無常）のだから、不変不滅のものは内在しないと説いた。もし内在するなら、ものはそれ独自の特徴や性質を保持して、不変にあり続けているはずである。ところが、どれ一つ取っても不変かつ不滅であり続けているものはない。

すべての形づくられたものは無常である。無常でありながら相続している。たとえばわが身が母の胎内に宿ったときから現在の身体までを顧みると、あらゆる部分が変化し、不変の部分はないが、今の身体は母の胎内にあったときから相続している。このようにすべてのものは千変万化しながら生滅して相続していること、これが諸行無常の道理であり、諸法無我の道理である。

この諸法無我の道理を、かつて「世間のものには私とか私のもの、あるいは不滅の実体はない。これを学習せよ。そしてこれを学習したら、私とか私のものがあるという考えを離れるだろう。この考えを離れたら、奢りの心を取り除くことができる。この心を取り除いたら、解脱を得ることができる」と説いたのに、ここにきて五蘊《ごうん》にアートマンである仏性が内在すると説いたのはまったく矛盾するので、これを聞いた菩薩たちはそれがどんな意味なのか理解できなかった。そこで説明を求めると、「釈尊は乳と薬の譬え」を使って説法した。原典は長文であるので、要約して紹介したい。

大事なことを聞いてくれた。その質問に答えよう。

たとえばある知慧の少ない国王のもとに藪医者《やぶいしゃ》がいたとしよう。この医者は病の原因をよく調べずに、どんな患者にも乳を飲ませて治療した。乳に効き目があることは知っていたが、なにに効き、なにに効かないかをよく理解していなかった。とにかくどんな病にも乳を飲ませて治療した。こんな医者ではあったが、国王は彼を信じていた。

その頃、この国に人々に名医と言われる医者がいた。あらゆる病を治し、薬の処方にも熟達していたので、遠方から患者がやって来た。

国王はこの名医に往診してもらうどころか、実は彼を蔑《さげす》んでいた。

あるとき、この名医が国王のお抱えの藪医者のもとに来て言った、

「私はあなたを師と仰ぎたい。どうか私のために医術の秘法を教えてください」

と。藪医者は、

「これから私のために四十八年仕えてくれたら、医術の秘法を教えてやろう」

と答えた。名医は、

「仰せのとおりにお仕えし、できるかぎりあなたの手となり足となって働くつもりです」

と言って、仕えることにした。

あるとき、藪医者は国王に呼ばれ、名医を連れていった。そのとき、名医は国王に種々の医術の秘法や珍しい医術を説明し、病によって処方が異なるように、国政も同じであると説いた。

これを聞いた国王はお抱えの医者が藪医者であったことを悟り、すぐに国外に追

放した。そのとき、名医は国王の目を覚まさせるのは今だと考え、次のように進言した。

「国王、お願いがあります。これから将来にわたって、あの愚かな医者が勧めた乳を薬として飲むことを禁じる布告を出してください。その理由はそれによる害があまりに大きいからです。もし飲む者がいたら、首を切るべきです。乳を飲むことを禁止したら、突然死する者がいなくなり、人々は安心することでしょう。これがお願いであります」

国王はその願いを受け入れて、国中に次の布告を出した。

「病人は乳を薬として飲むことを禁じる。もしこれを薬として飲む者がいたら、首を切られることになろう」

このことがあってからまもなく国王が病に罹った。すぐに名医に治療を頼んだ。名医は診断した後、

「国王の病を治療するには乳を飲むのがよいと考えます。私は前に乳を飲むことを禁じましたが、あれは嘘でした。いま乳を飲まれたら、この病は治ります。というのは国王の病は熱病だからです」

と進言した。

お抱えの藪医者を追放させたうえ、乳を禁じ、飲んだら首を切ると布告を出させておきながら、今は自分の病の治療には乳が唯一の薬だと言う名医のことばにあきれはて、国王はついに怒ってしまった。

名医は王をなだめ、乳を飲ませる理由を次のように説明した。

「国王、お怒りにならないでください。虫が木を喰《く》って、それがたまたま字の形をしていることがあります。この虫はこれが字であるのか、そうでないのか知りません。知慧ある人がこれを見ても、虫が字を知っていて彫ったとは言わないでしょう。

先の医者も同じです。彼はどんな病にも乳を薬として与えたではありませんか。ちょうど虫が喰った後がたまたま字の形をしていたように、その藪医者は乳がなんの病に効き、なんの病に効かないかを知らずに飲ませていたのです。飲ませているうちに効いたこともたまたまあったのです。乳は病によっては毒薬になったり、妙薬になったりします」

これを聞いた国王は素直に乳を飲み、病を治すことができた。そこで時をおかず、

「今後、乳を薬として飲むことを許す」

という布告を出した。

このように、乳を飲んで病を治すという治療方法の意味をよく知っておくべきである。他の宗教が我（アートマン）があると説いているのは、虫が木をかじってたまたま字の形をつくったようなことと同じであると知らなければならない。だから私はブッダの教えには我（アートマン）はないと説いたが、それは人々の心を落ち着かせるために説いたのである。

ただ、いま私は理由があって、ここで我（仏性）があると説かなければならない。あの名医が、乳は薬になるときとならないときがあることを知っているのと同じことである。（寿命品第一の二〈大正蔵経十二巻三七八頁上〜三七九頁上〉）

藪医者と名医と国王の絡みで、譬え話が作られている。それぞれ藪医者は外道の宗教家に、名医は釈尊に、国王は庶民になぞらえている。

それまで身体には創造主ブラフマンの分身（アートマン）が内在し、それを自覚すれば解脱への道を得ることができると教えたバラモン教の信仰を、乳は万病に効くという藪医者の治療に譬えた。

これに対して、アートマンがすべての悩みや苦しみを解決するのではなく、悩みや苦しみの根源を知り、その原因を取り除くことが解決の方法であると説いたのが釈尊である。これを名医の治療法に譬えた。名医はまず乳（外道が説くアートマン）を飲んではならないと教えた。

ここまでは一切の事象にはアートマンは内在しない（諸法無我）と説いている。ところが比喩の最後で国王の病には乳が効くと名医が告げた。これは否定したはずのアートマンを信仰せよと告げたことになる。

乳を飲むなと言っておきながら、乳を飲むべきだと言ったのは、外道説のアートマン信仰では苦悩は解決できないと説いて、後でアートマンの効き目を信じろと告げたことと同じである。

ここで乳がなにを意味するか考えてみなければならない。引用文で名医が「乳は病によっては毒薬にもなり、妙薬にもなる」と言っている部分が重要である。「乳」を不変不滅のアートマンと考えているが、それをブラフマンの分身として考えるのは間違いであると述べている。

アートマンはもともと「息するもの」という意味から派生したことばで、これを霊魂、精神、自己、身体などと種々の意味で使っている。『大乗涅槃経』の作者は、アートマンをバラモン教が説くブラフマンの分身で、生類に内在し、行為を支配する実体と考え、それに導かれて来世に再生するという信仰は正しい理解ではないと述べた。それこそ乳の正しい与え方ではなく、その乳は毒薬となると説いたのである。『大乗涅槃経』では仏性（ブッダになる可能性）こそがアートマンと理解しなければならないと説いた。仏性は人が最後に拠《よ》りどころとし、安らぎの境地として身をゆだねられるものだからである。そしてこの仏性こそが妙薬の乳であると説いている。

二　四匹の毒蛇の譬え——仏教の身体観

釈尊は身体を不浄なものと観察し、さまざまな煩悩が生じるところであると教えた。これは身体に神や霊魂などは内在しないという信仰にもとづいている。したがって仏教では、煩悩が生じることを漏泄《ろぜつ》（漏《も》れて滲《にじ》み出る）と言う。煩悩は外から飛び込んでくるのではなく、五蘊から漏れるものと考えた。

次に『大乗涅槃経』の身体に関する比喩を紹介しよう。

たとえばある王が四匹の毒蛇を一つの箱に入れて、一人の家来に飼育を命じ、「夜昼なく監視し、蛇の身体をさすってやれ。もしそのなかの一匹でも怒らせたら、法律にのっとってお前が住む町中の人全員を殺す」と言ったとしよう。この命令を聞いて家来は恐れおののき、箱を捨ててその場から逃走した。王は五人の無法者に刀を持たせて彼の後を追わせた。しかし彼は五人の無法者を振り切って逃げることができた。

ところが五人の無法者はその後、手をつくして彼を見つけ出し、ひそかに仲間の一人を遣わした。家来に親しく近付いた無法者は偽っていろいろ語りかけ、「町へ帰ろう」と誘ったが、彼は断り、ある集落に逃げ込み、隠れようとした。その集落に入ってみると、どの家にも人影がまったくなく、食器や衣類が転がっているだけで、他に物という物はなかった。また、食べる物もない。

彼は地面に坐《すわ》って天を仰いだ。すると空中から声がした。

「おい、そこの哀れな人。その集落は空っぽでだれも住んでいない。今夜、六人の盗賊がそこにやって来るはずだ。もしそのままいたら生きてはおれまい。そこから逃げ出すこともできまい」

この声を聞いて彼は恐ろしくなり、すぐにそこを立ち去った。しばらく行くと川に出た。その川の流れは急で、おまけに舟も筏《いかだ》もなかった。盗賊から逃れるために、近くから集めた枯れ木を組んで筏を造った。そこで彼は次のように考えた。

「ここに留まっていたら、毒蛇や五人の無法者や六人の盗賊にやられてしまうだろう。といってこの筏に乗らずに渡ったら、途中でおぼれてしまうだろう。しかし彼らにやられるくらいなら、川でおぼれて死んだほうがましか」

こう考えた彼は筏を流れに浮かべ、それにまたがり、手で掻《か》き、足で掻いて流れを乗り切った。そして彼岸に達した彼は、心安らぎ、身心は泰然として、すべての恐れから解放された。

（光明遍照高貴徳王菩薩品第十の三〈大正蔵経十二巻四九九頁上〜中〉）

これをまとめると次のようになる。

王から「四匹の毒蛇」を飼育するように命じられて、家来はそれを受け取った。これは身体を構成する地・水・火・風の四つの要素を表し、毒蛇のようにいつ咬《か》み付こうかと隙《すき》を狙っていることを意味する。

「五人の無法者」は身体を構成する五蘊を表す。無法者は殺害を生業としないが、五蘊はいつも殺害しようと狙い、隙をうかがっている。五蘊のなかで受・想・行《ぎょう》・識などの感覚作用は対象物に執着して、身体を破滅に導く。

「親しく近付いた（無法）者」は、最も悪の強い貪りと怒りと奢りのなかの貪りを意味し、「集落」は六つの感覚器官（眼・耳・鼻・舌・身・意）を意味している。集落はなにもないところと考えられ、そのままであればなにも事件は起こらないはずであった。ところがこの集落に盗賊が入り込んできた。そこで事件が起こった。

六人の盗賊は、六つの感覚器官の対象である色・声・香・味・感触・法（もの）の六つを意味している。眼に色や形が映らなかったら、眼に変化はなかったはずである。色や形が映ると色や形を意識し、それに執着する。色や形にとらわれるとそれに心を奪われ、人格も教養も名誉も地位もなくしてしまうことがある。これが盗賊に襲われるという意味である。

無人の集落（六つの感覚器官）を捨てて他の土地（安らぎの境地）に向かう途中（修行する途中）で、大河に遭遇した。この「大河」は煩悩を意味する。修行している過程で数多くの煩悩が起こることを言う。しかしそこで「筏を組んだ」のは正しい教えとの出会い、八正道をはじめとする数多くの修行を意味している。

この筏にまたがり、自分の手と足で水を掻いて向こう岸に渡ろうとする姿は、仏法に従って修行する求道者の姿を表している。

ここでは、身体は地・水・火・風の四つの要素（四匹の毒蛇）と色・受・想・行・識《しき》の五蘊（五人の無法者）から成るが、これらはみな私を悩まし、苦しめるものばかりであると説く。

そして身体には眼・耳・鼻・舌・身・意の六つの感覚器官（空っぽの、無人の集落）があって、彼にうまく誘いの手を伸ばして（貪欲《とんよく》）、隙を狙って近付く色・声・香・味・感触・法の六つの対象（六人の盗賊）が現れる。すると眼・耳・鼻・舌・身・意の六つの感覚器官は貪欲の煩悩に引き回され、最後には身ぐるみはぎ取られて、路頭に迷うことになる。わが身の破滅である。

そこで感覚器官とその対象との関わりを断ち、ひたすらブッダの教えに従って修行しようとしても、数々の煩悩（大河）が立ちふさがる。しかしどんな難所があってもブッダの教え（筏）に従って（またがって）自分の手と足を使って煩悩（水）を払い（掻き）続けていけば、必ず解脱の境地（向こう岸）に渡ることができるという譬えである。

三　七種人の譬え——生き方に関する教え

夏になると人々は川や海で泳いだり、水遊びしたりする。遠くまで泳ぐ人、潜る人、砂浜の近くで泳いだり遊んだりする人、砂浜で周りの人の行動を見てただ歩いている人、坐っている人など、さまざまな人々の行動を分類し、その生きざまと重ねて、人の生き方を教えた譬えがある。

ガンジス川の川辺に七種の人がいる。沐浴《もくよく》しながら追剥《おいは》ぎを恐れる人、また、花を摘んでいるうちに川に入る人の例で考えてみよう。

第一の人は水に入ると沈む人である。弱々しくて力がなく、泳ぎを知らないから。

第二の人は水中に沈んでもすぐに浮き上がり、また、沈む人である。力があるので浮き上がるが、泳ぎを知らないので、また沈んでしまうから。

第三の人は沈んでからすぐに浮き上がり、そのまま沈まないでいる人である。身体が重たいので最初は沈むが、力があるので浮き上がり、泳ぎを知っているのでそのまま浮いていられるから。

第四の人は川に入り、沈んでからまた浮き上がり、浮き上がってから四方を見られる人である。身体が重くて沈むが、力があるので浮き上がり、泳ぎを知っているのでそのまま浮いていられる。ただ浮いたところがどこか知らないので四方を見回す。

第五の人は川に入り、沈んでまた浮き上がり、浮き上がってから浮いたまま四方を見渡して、その場所を泳ぎ去る人である。怖くなったから。
第六の人は川に入り、すぐに立ち去り、浅瀬に至る人である。盗賊が近くにいるかどうかを見るためである。
第七の人はすでに彼岸に渡り、山に登り詰めて、盗賊から遠ざかり、恐れがなくなって、幸せな気持ちに浸っている人である。

（師子吼菩薩品第十一の六〈大正蔵経十二巻五五四頁上〜中〉）

ここで「身体が重い」というのは、多くの悪業を積んで重いという意味である。「泳ぎを知っている」とは信心があり、八正道を実践し、正しい習慣（戒）を身に付けていることを言う。「浅瀬」とは足が川底に着くところを言い、しっかりした考えや生き方ができた状態を意味している。「盗賊」は煩悩、あるいは世間の誘惑を意味する。「彼岸」はブッダたちが遊んでいる境地を言い、「山」はブッダの覚りの境地を意味する。

この譬えは「浮く」と「沈む」の二つの動詞がポイントになっている。ここでは、これら二つについて釈尊は師子吼菩薩に説明していない。ところがこの後同じく迦葉《かしょう》菩薩《ぼさつ》に七種人の譬えを説くところでは二つの動詞の意味を教えている。それによると、「浮く」は明かりを好むことで、「沈む」は明かりを避けて暗いところを好むことである。

この意味を踏まえてポイントになる部分を読むと、次のようになる。

「すぐに沈む」はいつも明かりを避けて暗いところにいること、「すぐに浮くが、また沈んでしまう」は明るいところにしばらくはいるが、それを好まず、すぐに暗いところに隠れてしまうこと、「水面に浮いた後、そのまま浮いている」は明るいところに出てきて、そのまま明るいところに居続けること、「浮いてから四方を見られる」は明るいところに慣れて、そこで辺りを見渡す余裕が出てきたこと、「四方を見渡してその場から泳ぎ去る」は明るいところを見渡すだけでなく、目的に向かって泳ぎだすこと、という意味である。

明るいところを見て、その場で生きることが「浮く」の意味で、暗いところを好み、留まり、そこにとらわれて生きることが「沈む」の意味である。

釈尊は、「浮く」は教えに耳を傾け、正しい習慣を身に付けて、施す心をもち、いつも静かに心を保ち、なにごとにも注意を払っていることを意味し、「沈む」は俗世間に染まり、快楽に耽り、迷っている姿を意味すると説いている。

師子吼菩薩と迦葉菩薩の二人に対して説いた内容をまとめると、七種人とは次のようになる。

第一の人はいつも沈んでいる人。俗世間の快楽に耽り、迷っている人を言う。経典では一闡提《いっせんだい》（仏法を信じない人、善根を断っている人）と決め付けている。

第二の人はしばらくは水面に浮いているが、また沈んでしまう人。俗世間の快楽に耽《ふけ》り、怠けている自分を知り、反省して教えを聞き、身を慎み、言葉を慎み、心を慎む生活をしようとする。しかし、くじけてもとの怠けた生活に戻ってしまう人を言う。

第三の人は水面に浮いた後、そのまま浮いている人。自らを反省して仏法に耳を傾け、正しい習慣（戒）を身に付けて、人に施す心をもち、いつも心を慎み、なにごとにも注意を払う生活を続ける人を言う。

第四の人は水面に浮いてから四方を見渡す人。仏法に従って身も心も慎み、正しく生活するだけでなく、世間の移り行きを観察する余裕ができた人を言う。

第五の人は四方を見渡してから岸へ泳ぎだす人。前の段階に至った人は世間を観察した結果、どこがもっとも安全な場所かを知り、その場所は向こう岸であると確信し、その岸に向かって行動を起こす人。つまり仏道修行に入った人である。

第六の人は岸へ泳ぎだしたが、また留まって浮いている人。確かに向こう岸にたどり着いたが、上陸する前に辺りに盗賊や猛獣がいて、襲ってくるかもしれないので、しばらく上陸を見合わせている人で、いよいよ安全な場所の近くに来ている。しかしここまで来ると、もうブッダとおなじ境地に近付いたという奢りの気持ちをもち、それまでの苦労が水の泡になることもある。慎重に奢りの心が起きないように最後に身《しん》口《く》意《い》を慎まなければならない人を言う。

第七の人は水中も陸上も自在に行動できる人。水中は世間を、陸上はブッダの境地を表し、これまで仏法に導かれてきて、最後にブッダの境地である陸上に上がり、安らぎの境地を得た人を言う。世間にあっても快楽に耽ることがなく、とらわれがなく、ブッダの境地に遊ぶ人である。

四　月の譬え――「ブッダは不滅」の教え

これまで経典では、ブッダは死んでいないと説いてきた。それは大いなる禅定《ぜんじょう》の境地に入って、これから数え切れないほど出現する生類を限りなく解脱に導くために生き続けているという意味であった。半眼を開いた涅槃像が意味しているのは、このことである。

次に紹介する月の譬えはブッダの永遠性を教えたものである。

たとえば、ある人が月が出ていないのを見て、もう月は西に沈んでしまったと思い込んでいることを考えてみよう。実際には月は西に沈んでいないのだ。一方、他の地方では月が現れているので、そこの人たちは月が出ていると言う。しかし実は月が出たのではない。なぜかと言うと、ヒマラヤ山に遮《さえぎ》られて見えなかったにすぎないからだ。月はすでに空に懸かっており、月そのものが出たり、沈んだりしていたのではない。

私も月と同じである。この三千大千世界に出現し、インド国内のある母父の間に生まれた姿を見て、人々はみな、私がインド国内に生まれたと言う。いまこの国土で涅槃に入る姿を示しているが、私そのものは改めて涅槃を示すことはない。しかし人々はみな、私が本当に涅槃に入ろうとしていると考えている。つまり月が沈むことと同じだと考えている。

私そのものは生ずることも滅することもない。ただ生じたものは必ず滅することを人々に教えるために、涅槃に入ることを示したのである。

月を一つの方角からは半月に見、他の方角からは満月に見ていることを考えてみよう。インド国内の人々は月が空に初めて出たときを、その月の第一日と言い、満月になると、その月の第十五日と言う。人々は日々に月が満ちていく形を見ているが、月そのものは満ちたり欠けたりしているわけではない。

私もこの月と同じである。インドに初めて生まれ、そして涅槃に入ることを示した。初めて生まれる姿はちょうど月の満ち始めに譬えられる。人々は子供が初めて誕生したと言った。生まれてからすぐに七歩歩いた。これは月の二日目の姿である。また、成長して学校に行った。これは月の三日目の姿である。出家した。これは月の八日目の姿である。知慧を得て、その不可思議な光によって生類や悪魔たちを教化した。これは月の十五日目の満月の姿である。また、三十二相八十種好相の瑞相を示し、最後に涅槃に入る姿を示したのは、月が欠けてゆく姿を表したのである。

このような姿は人々には同じには見えない。人々は半月を見たり、満月を見たり、あるいは月食を見たりするが、月そのものは実は大きくなったり小さくなったり、欠けたり満ちたりしているのではなく、いつも満月である。私もこの月そのものと同じである。だから私そのものは常住不変だと説いたのである。

たとえば満月がどんな場所にも現れ、映し出されていることを考えてみよう。満月はあらゆる町や村、山や谷、井戸や池などの水中にも、また、大きな瓶や釜《かま》などの水中にも現れる。また、どんな遠くに行っても満月はついてくる。町や村でも、家の窓からも満月を見たし、いま谷間にいても満月を見ているが、みな同じ月だろうか、それとも違う月だろうかと考え込む凡夫がいる。

また、月の形に大小があり、それは釜の口のように見えると言う者がいる。また、車輪のようだと言う者もいる。また、直径一九六キロメートルの大きさがあると言う者がいる。また満月を見て金製のお盆のように丸いと言う者もいる。満月そのものは一つなのに、このように人々は種々の形があるように見ている。

私が世間に出現することについても同じことが言える。神々や人々のなかには、ブッダはいま私の前におられると考える者がいる。また、耳が聞こえない人や口が利《き》けない人には、ブッダは耳やことばに障害がある者のように映る。人々を含む生類はそれぞれもつ声が異なるが、生類はそれぞれブッダは自分たちのことばで話していると勝手に考えている。また、ある者は私の家に来て私だけから供養を受けられたと思い込んでいる。また、ある人は私の身体を広大で計り知れないと見、ある人は小さい身体と見ている。ある人は未熟な修行者の姿と同じと見ている。また外道の人たちは、ブッダは自分たちの教えを支持して、これによって出家し修行していると考えている。ある人はブッダは一人のために世間に出現されたと言い出す始末である。

私を満月のようだと考えたまえ。私はすなわち教えの集まり（法身）であり、誕生することのない身体であり、生類を教化するための方便の身体だからである。世間の在り方にしたがって現れ、計り知れない過去に積んだ善業の因縁を示して、至るところに姿を表す。月が至るところでさまざまな形に見られるようにである。だから私は常住不変である。

（如来性品第四の六〈大正蔵経十二巻四一六頁上〜下〉）

やはり月の譬えを使った例が、『宝行王正論《ほうぎょうおうしょうろん》』という仏典にある。そこではブッダを月に譬え、ブッダの説法は月の光がすべてのものを差別なく照らしている情景に似ている、と述べている。そして、月の影が相手の形にしたがって変化するのは、ブッダが相手に応じて、救済する手立てを講じていることを、また水がなければ月の影が映らないのは、凡夫がいなければブッダの教えは必要でなくなることを意味している。

ブッダは常住であり、不変であると言うが、それは涅槃に入った後の境地を教えたのである。そのブッダと現世で生きたブッダの姿を比べてみると、現世のブッダはさまざまな生き方をし、凡夫となんの変わりもないように見える。あまりにも人間臭い生き方をしたブッダを見ると、常住不変の法身であるとは考えられない。

経典では幼児の振る舞いの特徴を挙げて、それとブッダの所行を比べ、ブッダの所行はまったく幼児に似ていると説いている。ここでは釈尊自身が菩薩にではなく、善男善女に対して説いていて、親しみをもって聞くことができる。次にその内容を紹介しよう。

五　幼児の譬え——幼児に返ったブッダ

善男善女、いったい幼児の振る舞いとはなにか。立ち上がり、立ち止まり、行ったり来たり、話したりすることが十分にできないのが幼児の振る舞いである。

実は私もそれと似ている。立ち上がれないとは、私が欲しいものを心に思い起こさないことである。立ち止まらないとは、私がすべてのものに執着しないことである。来ることができないとは、私の行動にまったく動揺がないことである。立ち去ることができないとは、私が涅槃に達していることである。話すことができないとは、私はすべての人々のためにあらゆることを演説しているが、実はなにも説いていないことである。なぜかと言うと、なにかを説けば、それは世間の在り方となるからだ。私は世間の在り方に従っていないのだから、なにも説かない。

また、幼児の話すことばは、はっきりせず、ことばで語っているようでも実はことばではないように、私のことばもはっきりしない。というのは秘密のことばであるからだ。説いているが、人々は理解できないので、私にはことばがないことになる。

幼児は口にする名称と指差すものとが一致せず、適切なことばを知らない。だから と言ってものを判別できないということではない。私も同じである。生類の種はおのおの異なり、話すことばも異なる。そこで私は接近して、それぞれの種のことばを使って語り、すべての生類が理解できるようにする。(中略)

また、幼児は苦楽、昼夜、母父などをよく知らない。私も同じである。私は人々のために苦楽を意識せず、昼夜の区別さえ持たない。それは人々に対して等しく慈しみの心があるからである。したがって母とか父とか、親しい人とか親しくない人

とかの差別はしない。（中略）

また、幼児の行動とは、泣いている幼児に、母や父が黄色の柳の葉を持って「泣くでない、泣くでない。泣きやんだらこの黄色の葉をあげよう」と語りかけると、幼児はその葉を見て、純金の葉であると思って泣きやむと言う。実はこの柳の葉は黄金ではない。木製の牛や馬や、木製の男女の人形などを見せられて、幼児は本物の牛や馬や男女だと思って泣きやむが、牛でも馬でも男女でもないのに、それらを本物と思うのが幼児である。

実は私も幼児と同じである。もし人々が種々の悪行をしようとしていたら、私は帝釈天が住む天上界のすばらしい生活、そこに住む神々の端正な姿、宮殿における感覚的快楽を説き、感覚するものはすべて楽しいことばかりであると説いて聞かせるだろう。人々はこういう安楽な生活が天上界にあると聞いたら、そこに生まれたいと考えて悪行をしなくなる。実は帝釈天が住む世界で善行に努めても、そこには生死があり、無常があり、安楽がなく、自分の所有物がなく、不浄なものばかりである。つまり私は人々の眼を覚まさせようと思い、方便でこのような安楽の世界があるかのように説いているにすぎない。

幼児が黄金でないものを黄金だと思い込んだのと同じように、私も不浄なものを清浄なものと説くことがある。そうではあるが、私はいつも最高の教えを説いているので、そこには偽りがない。

幼児が牛や馬でないものを牛や馬と思い込んだのと同じように、人々が道でないものを本物の道であると思い込んでいたら、私は道でないものを道だと説くことがある。実際には道でないところに道があるわけはない。道を生み出すわずかな条件があれば、道でないものを説いても、そこから道を導き出すことができる。

幼児は木製の男女を本物の男女だと思い込む。私も同じである。人でないことを知っていて人だと説くことがある。実際には人の姿はない。しかしそれをもって私が人は存在しないと説いたら、人々は間違った考えに固執する。だから私は人は存在すると説くのである。人について人という思いを抱く者は、人という思いを取り払うことはできない。もし人について人という思いを取り払うことができたら、その人は完全な解脱を得ることができよう。この解脱を得たら、泣くのをやめるだろう。これが幼児の行動である。

（嬰児行品第九〈大正蔵経十二巻四八五頁中〜四八六頁上〉）

右に紹介した譬えをまとめてみると、たいそう興味ある内容を含んでいる。幼児の振る舞いのところでは、ブッダは欲に支配されないこと、ものに執着しないこと、俗事に心を動かされないこと、すでに解脱していること、世間を超えているので、一字も説法していないことを述べる。次に幼児のことばがわかりにくいことをブッダは秘密のことばを発しているので、凡人には理解しにくいことの譬えとする。つまりブッダのことばは仙陀婆《せんだば》（次頁を参照）のことばと同じだと言う。

次に幼児が指差すものとそれを言い表すことばが一致しないことを、ブッダは五道にいるあらゆる生類に対して相手のことばを使って説法するので、ことばと物とが一致しないことが多いことの譬えとする。さらに本物でないものを本物とみる幼児に譬える例では、ブッダは相手に応じて説き方を変えると言い、応病与薬を述べる。ここに方便説法が見られる。また、相手に応じて不浄を清浄と言って説法することもあると言い、嘘も方便の例を幼児の譬えから導き出している。ここに引用した文章は中略している箇所もあるので、原文を参照されたい(1)。

実はこの幼児の譬えを使った聖者の言行に関する説明は仏教以前にもある。たとえば『ブリハッド・アーラニヤカ・ウパニシャッド』（Ⅲ, 5, 1.〈cf. Brahma-sūtra, Ⅲ, 4, 47〉）に「それゆえに『真の』バラモンは学識を捨てて、『幼児のように』純真になろうと思うべきである。彼が学識と純真さとを捨てたときに、はじめて彼は聖者となる。聖者の位と聖者ではない位とを離れたときに、はじめて彼は『真の』バラモンとなる」という文言がある。内容は『涅槃経』とは異なるが、聖者の言行が幼児のそれと対比して考えられている点がおもしろい。

注

(1)　田上太秀『ブッダ臨終の説法――完訳大般涅槃経』全四巻（大蔵出版）。

六　仙陀婆の譬え――一味の教え

仙陀婆とは、サンスクリット語サイ（セ）ンダヴァの音訳である。この語は「海の、海に関わる」という意味の形容詞で、これを仙陀婆と漢訳した。仏典では河川の水が海に流れ込んで一味になることを仙陀婆になると言う。仙陀婆はその意味では種々の河川の水の味を呑み込んで、塩味という一味にしてしまうことを言う。

これを踏まえて『大乗涅槃経』では、仙陀婆の一語は塩、器、水、馬の四つの意味をもち、状況に応じて、これら四つの意味に使い分けられることを教える。この使い分けに似た「どうも」という日本語がある。この一語で喜びも悲しみも表すことができる。そして挨拶も済ませる。仙陀婆と比べることはできないが、一つのことばが状況に応じて意味が異なり、使い分けられることでは同じである。

釈尊が法身についての説明で、仙陀婆の譬えを使っている。

私の秘密語は深奥であり、理解することが難しい。譬えて言えば王が家臣に「仙陀婆を持ってこい」と告げることと同じである。仙陀婆は四つの意味を持っている。一は塩、二は器、三は水、四つは馬である。この四つの意味が仙陀婆の一語で表される。

だから王が顔を洗おうとしたとき「仙陀婆!」と告げたら、賢い家臣は水を持ってくる。食事時に「仙陀婆!」と告げたら、塩を持ってくる。食事の後「仙陀婆!」と告げたら、手洗いの器を持ってくる。外出しようとするとき「仙陀婆!」と告げたら、馬を連れてくる。賢い家臣はこのように王の秘密語をよく理解できる。

もし私が涅槃に入ると言ったら、「世間には不滅のものがあると考える人に一切は無常であることを示したのだ」と理解しなければならない。

もし私が正法は滅びるだろうと説いたら、「世間は自分の思い通りになると考える人に、世間は自分の思うようにならないと教えているのだ」と理解しなければならない。

また、私はブッダそのものであると説いた。これは私だけが知るところであるが、不滅のものがあるという意味である。不滅のものがあるという信仰を弟子たちに徹底させるために示した教えである。これを信じて修行する者が私の弟子である。（如来性品第四の六〈大正蔵経十二巻四二二頁上〜中〉）

仙陀婆の意味はその場の状況によって塩であり、水であり、器であり、馬であることを注意深く認識しなければならないと言う。経典の一語一語を普通のことばのように字面《じづら》だけで理解すると真意をつかめない。ブッダの一語一語は仙陀婆である。

「涅槃に入る」という文句は生死を超えた究極の境地に入るという意味であるが、現実にはブッダがわれわれの目の前から消えるのだから、「ブッダは不滅」とこれまで説法してきたのとは違うのではないかと疑問が湧く。これに対して、釈尊は肉体が滅びるのであり、ブッダが滅びるのではないと教える。形あるものは滅びるという道理を教えるために肉体の生滅を示そうとしているのだと言う。

「正法は滅びるだろう」とは正法は道理であるから消え去ることはないが、世間に正法を守護する人がいないと滅びるという意味で、正法自体が受け入れられないために滅びるという意味ではないと理解しなければならない。ことばの真意がなにかを行間から読み取る努力が必要である。

七　福の神と貧乏神の譬え——生に執着しない生き方

わが国では二月三日は節分の日とされ、「福は内、鬼は外」と叫んで豆をまく習慣がある。この「福は内、鬼は外」では福と鬼は対語になっているが、福の反対がどうして貧でないのか、疑問に思っている人がいるだろう。普通に考えると、福の神を招くのであれば、貧乏神には出ていってほしい。ところが貧乏神に出ていけとは叫んでいない。「鬼は外！」と叫んでいる。

角を生やし、虎の縞模様のパンツを履《は》いて、金棒を持っている鬼の姿を漫画などで見慣れているので、どうも貧乏神とは思えない。とすれば、「福は内、鬼は外」は福を呼んでも貧乏神は追い出さず、災いを起こす鬼を追い出すという意味なのだろうか。

この福の神と貧乏神の譬え話が『大乗涅槃経』にある。ここでは福の神を功徳天《くどくてん》、貧乏神を黒闇天《こくあんてん》と、それぞれ呼んでいる。功徳天は別名、吉祥天とも、宝蔵天女とも言う。一方、黒闇天は黒夜神《こくやしん》とも黒闇女《こくあんにょ》とも呼ばれている。功徳天は福の神と訳しても間違いではないが、黒闇天は閻魔天《えんまてん》の妃で、容貌は醜悪、人に災禍をもたらす女神と考えられているので、その意味では貧乏神と訳しても許されるだろう。ところで、女神の黒闇天が節分の鬼に変えられたとは考えにくい。というのはこの鬼は男であるからだ。

功徳天と黒闇天の二神は女神である。この二神を譬えにして『大乗涅槃経』は、生まれることは苦しみを受けることであるから、次の世にこの世間に再生しないことを願って善根を積み、解脱を達成できるように努力せよと教えた。

人は死後天に生まれたいとか、また、人間界に生まれたいとか願っているが、はたしてそれが本当に願わしい生まれ変わりであるかどうかをよく考えてみなければならない。人は天界を人間界より楽しい生活環境であるように考えているが、実は神々の世界でも悩みがあり、苦しみがあるので、決して幸せいっぱいの世界とは言えない。神々も悪業を積むと地獄に堕ち、生死を繰り返すのである。地獄から天界までのすべての生類は生死流転を繰り返しているかぎりいつまでも苦楽を味わい、煩悩に縛られるので、煩悩から離れるように努めるべきであると教えたのが次の譬えである。経文は長いので要約して紹介したい。

迦葉菩薩、人々は邪見にとらわれており、次の生まれを楽しみにしながら、老衰し、死ぬことを嫌がっている。しかし菩薩はそうではない。菩薩は初めて生まれたときのことを観察して、生まれによる患《わずら》いがどんなものであるかをよく知っている。

譬えで説明しよう。

ある女が見知らぬ家を訪ねた。器量がよく、美人であった。派手なアクセサリーをつけて、飾っていた。その家の主人は彼女を見て、

「君はなんという名前で、どういう身分の者ですか」

と尋ねた。彼女は、

「私は功徳天という者です。私は金銀や宝石類、車や召使いを差しあげようと思ってまいりました」

と答えた。これを聞いた主人は、

「私にも運が向いてきた。さあ、どうぞ中にお入りください」

と招き入れ、接待した。

しばらくして、みすぼらしい身形《みなり》の女が戸口に立った。女を見た主人は、

「名前は？　どんな素姓《すじよう》の者だね」

と迷惑そうに尋ねた。女は、

「私は黒闇天という者です。私が訪ねると、その家の財産はみななくなってしまうようです」

と答えた。これを聞いて主人は、

「君、すぐにここから立ち去らないと殺すぞ」

とどなりつけた。女は、

「ご主人さま、あなたは愚かですね、さきほど招き入れられた者は私の姉です。私といつも連れ立って旅しています。もしあなたが私を追い返されるなら、姉も一緒にここを立ち去ることになりますよ」

と穏やかな口調で告げた。

このことを姉に告げると、姉は、

「彼女は私の妹です。いつも二人で、別々になったことはありません。私たちはいつも私が好ましいこと、妹は好ましくないことをし、私が利益になること、妹が不利益になることをします。もし私を愛してくださるなら、妹も愛してください。も

し私を敬ってくださるなら、妹も同じように敬ってください」

と語った。すると主人は、

「両方を一緒に受け入れることは私にはできない。どうかあなたもここから出ていってくれ」

と告げた。功徳天と黒闇天が連れ立ってゆく姿を見て、主人は躍り上がらんばかりに喜んだ。

この後、彼女たちはある貧しい家に招き入れられた。その家の主人は、

「私は功徳天さまにいつ会えるかと待ち望んでいました。もちろん黒闇天さまも一緒に受け入れます」

と言って、快く招き入れた。

さて、この譬えでは、菩薩の考え方は姉妹を追い払った主人と同じである。すなわち菩薩は天界に生まれることを願ってはいない。生まれると老いがあり、病があり、死がある。だから老いと病と死とともに生まれることも願わず、生への願いを捨てて、愛着がまったくない。愚者は老いと病と死によって得る患いがどんなものかまったく気付いていない。だから愚者は生と死にこだわっている。

（聖行品第七の二〈大正蔵経十二巻四三五頁中～下〉）

福の神と貧乏神はいつも連れ添って旅する姉妹である。世俗の生活は楽もあり苦もありで、決して楽な生活ばかりでなく、むしろ苦しいことが多い。福の神にいつも居座っていてほしいと願うのが人情であるが、どういうわけか福の神はいつも貧乏神と一緒であると言う。福の神を招き入れると貧乏神も一緒に入ってくる。節分で福は内と叫ぶとき、貧乏神も呼び込んでいるのである。

譬え話の最初の家人が貧乏神を招き入れたくないので、一緒に福の神を追い出したのは惜しいことをしたように思えるが、釈尊はこの人こそ人生を達観していると称《たた》えているのである。金銭や財産に血迷っている者は貪りや怒りや奢りの煩悩に縛られ、金銭や財産が少しでも減ることを恐れ、貧乏神の影におののいている。福の神も貧乏神も一緒に追い出した家人は世俗の欲楽に執着しないので、彼は常に貪りや怒りや奢りの煩悩に縛られることがなく、心が安らいでいると教える。

一方、福の神と貧乏神を一緒に招き入れた家人は糾《あざ》なえる縄のように苦楽を味わい、貪りと怒りと奢りの煩悩に縛られて生きていく人で、彼こそ凡夫だと言う。

あとがき

私はかつて四十巻本『涅槃経』を現代語訳した。還暦を記念する意味で五十歳前半から翻訳に着手し、『ブッダ臨終の説法――完訳大般涅槃経』（大蔵出版）という題名で第一、二巻が一九九六年に、第三、四巻が一九九七年に刊行された。第一巻が刊行されたときはすでに六十一歳で還暦をすぎていたが、それでも大蔵出版の桑室一之編集長のご努力によって四巻が二年間で出版されたことは有り難かった。

初版の第一巻を最初に恩師中村元博士に謹呈した。数日後、博士よりはがきで礼状を頂いた。文中に、この『涅槃経』の翻訳を最後に手掛けたかったが、体力的に無理で果たすことができなく、心残りであると書かれてあった。博士はすでに『原始涅槃経』を翻訳されていたが、この『大乗涅槃経』については部分訳も抄訳もまったくなされなかった。

最近、東京書籍から「現代語訳　大乗仏典」シリーズが刊行され、大乗仏教思想を代表する重要な仏典が十七点収められているが、このなかに『涅槃経』の経名がない。博士は『涅槃経』を訳しておかなかったことを最後まで心底悔やんでおられたのではないかと忖度《そんたく》する。

右の『ブッダ臨終の説法』が出版された後、『涅槃経』について、NHKラジオ第二放送「こころをよむ」の番組で、「ブッダ・最後のことば――涅槃経を語る」と題して二十六回にわたって放送した。

その後、大学でも『涅槃経』の講義を行い、そのときのノートをもとに『仏性とはなにか』（大蔵出版）を刊行した。

従来、『涅槃経』の思想に関する放送は皆無であったが、NHK放送を通じて『涅槃経』への関心が人々にもたれるようになったことを実感した。大学の『涅槃経』講義には関西の大学からわざわざ新幹線で通って聴講に来られた方もいるほどで、学生よりも聴講生が多いほど一般の関心度は高かった。

既述のように、中国、朝鮮、日本における仏教は『涅槃経』の仏性思想を中心に展開したと言っても過言ではない。しかし、その仏性思想で有名になった『涅槃経』を読み通し、全体像を捉えている人、そして仏性の意味を熟知している人は必ずしも多いとは言えない。名前が有名なのに中身が知られていないという、仏典のなかでも希有な経典である。

このたび、『涅槃経』の概説書が学術文庫に収められ、多数の人々の目に触れる機縁が得られたが、これによって中村元博士の心残りの一端でも果たすことができたのであれば、これに過ぎる喜びはない。

著者

田上太秀（たがみ　たいしゅう）

1935年ペルー・リマ市生まれ。駒沢大学仏教学部卒業。東京大学大学院修士課程修了。同博士課程満期退学。駒沢大学仏教学部教授。駒沢大学禅研究所所長。文学博士。著書に『禅の思想』『道元のこころ』『ブッダ臨終の説法─完訳大般涅槃経』（全４巻）『釈尊の譬喩と説話』等，講談社学術文庫に『仏陀のいいたかったこと』『道元の考えたこと』『禅語散策』がある。

講談社学術文庫

定価はカバーに表示してあります。

『涅《ね》槃経《はんきよう》』を読《よ》む

田《た》上《がみ》太秀《たいしゅう》

2004年12月10日　第１刷発行
2025年２月12日　第16刷発行

発行者　篠木和久
発行所　株式会社講談社
東京都文京区音羽 2-12-21 〒112-8001
電話　編集（03）5395-3512
販売（03）5395-5817
業務（03）5395-3615
装　幀　蟹江征治
印　刷　株式会社広済堂ネクスト
製　本　株式会社国宝社
本文データ制作　講談社デジタル製作

ISBN4-06-159686-1

「講談社学術文庫」の刊行に当たって

これは、学術をポケットに入れることをモットーとして生まれた文庫である。学術は少年の心を養い、成年の心を満たす。その学術がポケットにはいる形で、万人のものになることは、生涯教育をうたう現代の理想である。

こうした考え方は、学術を巨大な城のように見る世間の常識に反するかもしれない。また、一部の人たちからは、学術の権威をおとすものと非難されるかもしれない。しかし、それはいずれも学術の新しい在り方を解しないものといわざるをえない。

学術は、まず魔術への挑戦から始まった。やがて、いわゆる常識をつぎつぎに改めていった。学術の権威は、幾百年、幾千年にわたる、苦しい戦いの成果である。こうしてきずきあげられた城が、一見して近づきがたいものにうつるのは、そのためである。しかし、学術の権威を、その形の上だけで判断してはならない。その生成のあとをかえりみれば、その根は常に人々の生活の中にあった。学術が大きな力たりうるのはそのためであって、生活をはなれた学術は、どこにもない。

開かれた社会といわれる現代にとって、これはまったく自明である。生活と学術との間に、もし距離があるとすれば、何をおいてもこれを埋めねばならない。もしこの距離が形の上の迷信からきているとすれば、その迷信をうち破らねばならぬ。

学術文庫は、内外の迷信を打破し、学術のために新しい天地をひらく意図をもって生まれた。文庫という小さい形と、学術という壮大な城とが、完全に両立するためには、なおいくらかの時を必要とするであろう。しかし、学術をポケットにした社会が、人間の生活にとってより豊かな社会であることは、たしかである。そうした社会の実現のために、文庫の世界に新しいジャンルを加えることができれば幸いである。

一九七六年六月

野間省一

宗教

ユダヤ教の誕生
荒井章三著

放浪、奴隷、捕囚。民族的苦難の中で遊牧民の神は成長し宇宙を創造・支配する唯一神に変貌する。キリスト教やイスラーム、そしてイスラエル国家を生んだ「奇跡の宗教」誕生の謎に『聖書』の精緻な読解が挑む。

2152

ヨーガの哲学
立川武蔵著

世俗を捨て「精神の至福」を求める宗教実践は「根源的統一への帰一」へと人々を導く——。チャクラ、調気法、坐法、観想法等、仏教学の泰斗が自らの経験を踏まえてヨーガの核心をときあかす必読のヨーガ入門。

2185

インド仏教思想史
三枝充悳著

古代インドに仏教は誕生し、初期仏教から部派仏教、そして大乗仏教へと展開する。アビダルマ、中観、唯識、仏教論理学、密教と花開いた仏教史に沿って、基本思想とその変遷、重要概念を碩学が精緻に読み解く。

2191

往生要集を読む
中村 元著

日本人にとって地獄や極楽とは何か。元来、インド仏教にはなかったこの概念が日本に根づくのには『往生要集』の影響があった。膨大なインド仏教原典と源信の思想を比較検証し、日本浄土教の根源と特質に迫る。

2197

密教とマンダラ
頼富本宏著

真言・天台という日本の密教を世界の仏教史のなかに位置づけ、その歴史や教義の概要を紹介。胎蔵界・金剛界の両界マンダラを中心に、その種類や構造、思想、登場するほとけたちとその役割について平易に解説。

2229

グノーシスの神話
大貫 隆訳・著

「悪は何処からきたのか」という難問をキリスト教会に突き付け、あらゆる領域に「裏の文化」として影響を及ぼした史上最大の異端思想のエッセンス。ナグ・ハマディ文書、マンダ教、マニ教の主要な断章を解読。

2233

宗教

仏陀の観《み》たもの
鎌田茂雄著

仏教は一体どんな宗教であり、どういう教えを説いてきたのだろうか。本書は難解な仏教の世界をその基本構造から説き起こし、仏教の今日的な存在意義を明らかにする。只今を生きる人のための仏教入門書。

174

釈尊のさとり
増谷文雄《ますたにふみお》著

長年に亘って釈尊の本当の姿を求めつづけた著者は、ついに釈尊の菩提樹下の大覚成就、すなわち「さとり」こそ直観であったという結論を導き出した。釈尊の真実の姿を説き明かした仏教入門の白眉の書。

344

禅とはなにか
鎌田茂雄著

禅に関心をよせる人は多い。だが、禅を理解することは難しい。本書は、著者自らの禅修行の体験を踏まえ、禅の思想や禅者の生き方、また禅を現代にどう生かすか等々、禅の全てについて分りやすく説く。

409

空海の思想について
梅原　猛著（解説・宮坂宥勝）

「大師は空海にとられ」といわれるように、宗派を越え、一般庶民大衆に尊崇されてきた空海であったが、その思想は難解さの故に敬遠されてきた。本書はその空海の思想に真向から肉薄した意欲作である。

460

ギリシャ正教
高橋保行著

今なおキリスト教本来の伝統を保持しているギリシャ正教。その全貌が初めて明らかにされるとともに、キリスト教は西洋のものとする通念を排し、西洋のキリスト教とその文化の源泉をも問い直す注目の書。

500

キリスト教問答
内村鑑三著（解説・山本七平）

近代日本を代表するキリスト教思想家内村鑑三が、信仰と人生を語る名著。「来世は有るや無きや」などキリスト教の八つの基本問題に対して、はぎれよく簡明に答えるとともに、人生の指針を与えてくれる。

531

宗教

M・エックハルト著／相原信作訳（解説・上田閑照）

神の慰めの書

「脱却して自由」「我が苦悩こそ神なれ、神こそ我が苦悩なれ」と好んで語る中世ドイツの神秘思想家エックハルトが、己れの信ずるところを余すところなく説いた不朽の名著。格調高い名訳で、神の本質に迫る。

690

柳田聖山《せいざん》著

禅と日本文化

禅とは何か。禅が日本人の心と文化に及ぼした影響、またその今日的課題とは何か。これら禅の基本的テーゼが明快に説かれるとともに、禅からの問いかけとして〈現代〉への根本的な問題が提起されている。

707

大森曹玄《そうげん》著（解説・寺山旦中）

参禅入門

禅を学ぶには理論や思想も必要であるが、実践的には直接正師につくことが第一である。本書は「わが修道の記録」と自任する著者が、みずからの体験に照らして整然と体系化した文字禅の代表的な指南書。

717

鎌田茂雄著

般若心《はんにゃしん》 経《ぎょう》講話

数多くのお経の中で『般若心経』ほど人々に親しまれているものはない。わずか二六二文字の中に、無限の真理と哲学が溢れているからである。本書は字句の解釈に捉われることなく、そのこころを明らかにした。

756

鎌田茂雄著

正 法眼蔵随聞記《しょうぼうげんぞうずいもんき》講話

学道する人は如何にあるべきか、またその修行法や心構えについて生活の実際に即しながら弟子の懐奘に気骨をこめて語った道元禅師。その言葉を分かりやすく説きながら人間道元の姿を浮彫りにする。

785

鎌田茂雄著

華厳《けごん》の思想

限りあるもの、小さなものの中に、無限なるもの、大いなるものを見ようとする華厳の教えは、日本の茶道や華道の中にも生きている。日本人の心に生き続ける華厳思想を分り易く説いた仏教の基本と玄理。

827

宗教

秋月龍珉著（解説・竹村牧男）
誤解された仏教
霊魂や輪廻転生、神、死者儀礼等をめぐる問題につき、日本人の仏教に対するさまざまな誤解を龍珉師が喝破。「仏教＝無神論・無霊魂論」の主張を軸に、仏教への正しい理解のあり方を説いた刺激的論考。

1778

佐藤弘夫全訳注
日蓮「立正安国論」
社会の安穏実現をめざし、具体的な改善策を「勘文」として鎌倉幕府に提出された『立正安国論』。国家主義と結びついた問題の書を虚心坦懐に読み、「先ず国家を祈って須らく仏法を立つべし」の真意を探る。

1880

中村　元・三枝充悳著（解説・丘山　新）
バウッダ［佛教］
釈尊の思想を阿含経典に探究し、初期仏教の発生から大乗仏教や密教の展開に至るまでの過程を追い、仏教の壮大な全貌を一望する。思想としての仏教を解明し「仏教」の常識を根底から覆す、真の意味の仏教入門。

1973

M・ボイス著／山本由美子訳
ゾロアスター教　三五〇〇年の歴史
三五〇〇年前に啓示によって誕生したこの宗教は、キリスト教、イスラム教、仏教へと流れ込んだ。火と水の祭儀、善悪二元論、救世主信仰……。謎多き人類最古の世界宗教の信仰内容と歴史を描く本格的入門書。

1980

田上太秀著
仏典のことば　さとりへの十二講
諸行無常、衆縁和合、悉有仏性、南無帰依仏……。人はなぜ迷い、悩むのか。仏教の基本教理を表す十二のことばを通し、無限の広がりを持つ釈尊の教えを平易に解説。さとりへの道を示す現代人必読の仏教入門。

1995

中村　元著
慈悲
呻きや苦しみを知る者のみが持つあらゆる人々への共感、慈悲。仏教の根本、あるいは仏そのものとされる最重要概念を精緻に分析、釈迦の思惟を追う。仏教の真髄と現代的意義を鮮やかに描いた仏教学不朽の書。

2022

宗教

宗教学入門
脇本平也著（解説・山折哲雄）

人間生活に必要な宗教の機能と役割を説く。宗教学とは何か。信仰や伝道とは無縁の立場から世界の多宗教を客観的に比較考察。宗教を人間の生活現象の一つとして捉え、その基本知識を詳述した待望の入門書。

1294

玄奘三蔵《げんじょうさんぞう》　西域・インド紀行
慧立《えりゅう》・彦悰《げんそう》著／長澤和俊訳

天竺の仏法を求めた名僧玄奘の不屈の生涯。七世紀、大唐の時代に中央アジアの砂漠や天に至る山巓を越えて聖地インドを目ざした求法の旅。更に経典翻訳の大事業に生涯をかけた玄奘三蔵の最も信頼すべき伝記。

1334

仏陀のいいたかったこと
田上太秀《たがみたいしゅう》著（解説・湯田　豊）

釈尊の言動のうちに問い直す仏教思想の原点。霊魂の否定、宗教儀礼の排除、肉食肯定等々、釈尊の教えは日本仏教と異なるところが多い。釈尊は何を教えどこへ導こうとしたのか。仏教の始祖の本音を探る好著。

1422

夢中問答集
夢窓国師《むそうこくし》著／川瀬一馬校注・現代語訳

仏教の本質と禅の在り方を平易に説く法話集。悟達明眼の夢窓が在俗の武家政治家、足利直義の問いに懇切丁寧に答える。大乗の慈悲、坐禅と学問などについて、欲心を捨てることの大切さと仏道の要諦を指し示す。

1441

歎異抄
梅原　猛全訳注（解説・杉浦弘通）

大文字版

流麗な文章に秘められた生命への深い思想性。悪人正機、他力本願を説く親鸞の教えの本質とは何か。親鸞の苦悩と信仰の極みを弟子の唯円が書き綴った聖典を、詳細な語釈、現代語訳、丁寧な解説を付し読みとく。

1444

栄西　喫茶養生記
古田紹欽全訳注

大文字版

日本に茶をもたらした栄西が説く茶の効用。中国から茶の実を携えて帰朝し、建仁寺に栽培して日本の茶の始祖となった栄西が著わした飲茶の効能の書。座禅時に眠けをはらう効用から、茶による養生法を説く。

1445

文化人類学・民俗学

中沢新一著（解説・松岡心平）
精霊の王
蹴鞠名人・藤原成通、金春禅竹の秘伝書『明宿集』。中世の技芸者たちが密かに敬愛した宿神とは？　諏訪で再発見する縄文的なものとは？　甦る人類普遍の精神史。『石神問答』を超える思考のオデッセイ！

2478

ヨハン・ホイジンガ著／里見元一郎訳
ホモ・ルーデンス　文化のもつ遊びの要素についてのある定義づけの試み
「人間の文化は遊びにおいて、遊びとして、成立し、発展した」——。遊びをめぐる人間活動の本質を探究、「遊びの相の下に」人類の歴史を再構築した人類学の不朽の大古典！　オランダ語版全集からの完訳。

2479

島　泰三著
はだかの起原　不適者は生きのびる
人類はいつ裸になったのか？　本当に自然淘汰の結果なのか？　保温・保水に有利な毛皮を失い、圧倒的に不利な裸化がなぜ起こったのか？　遺伝学・生物学などを参照しつつ、ホモ・サピエンスの起原を探る。

2497

奥富敬之著
名字の歴史学
日本人は、いつから名字を名乗るようになったのか？　地名、階層、職制、家系など多彩な要素を組み込み、それぞれが何かを表現する名字。「名づけ」の成り立ちとその変遷をたどる考察で日本の歴史を通観する。

2521

松村一男著
神話学入門
西洋の通奏低音として言語、宗教、科学、自然などあらゆる事象と絡み成りたつ「神話」。その伝播と変節の探求の歴史を、マックス・ミュラー、デュメジル、レヴィ＝ストロースら六人の事蹟からたどる。

2537

長沢利明著
江戸東京の庶民信仰
多様な願望が渦巻く大都市にこそ、多彩な民間信仰がある。就職祈願は赤羽に、離婚成就は四谷に、お酒を断つなら虎ノ門。貧乏神から飛行機の神まで、聞き取りと現地調査を尽くした江戸東京の貴重な民俗誌。

2550